1

Dani Lima

gesto

PRÁTICAS E DISCURSOS

Cobogó

SUMÁRIO

Tudo começou com o desejo de mapear 100 gestos que marcaram o século XX, na busca de descobrir novas perspectivas para decifrar as corporeidades contemporâneas e suas escolhas estéticas e políticas. Um desejo de criar uma espécie de "museu do gesto", em que pudéssemos observar certos parâmetros de corpo sendo replicados e transformados de geração em geração. Com o apoio do Programa Petrobras de Manutenção a Grupos e Companhias de Dança, esse desejo se transformou em um vasto projeto de pesquisa que se desdobrou em diversas atividades entre 2011 e 2012 — uma série de entrevistas, um grupo de estudos, aulas de corpo e ateliês de criação e espetáculos. Ao longo de todo esse tempo chegamos a mais perguntas do que respostas. O que define um gesto? Onde ele começa? Quais as relações entre gesto, postura, atitude, intenção, pensamento, movimento, contexto, linguagem, comunicação? Que gestos nos afetam? Que gestos nos formaram? Que gestos cada um de nós escolheria para uma lista dos 100 mais significativos dos últimos séculos? Ou os 100 mais significativos da própria vida? Uma dança é sempre feita de gestos? O que será que um inventário de gestos pode revelar sobre as escolhas afetivo-estético-ético-políticas dos corpos e de suas danças?

Na primeira etapa do projeto, que contou com a colaboração do dramaturgo e pesquisador francês Christophe Wavelet, no lugar de tentar responder a essas perguntas, começamos entrevistando especialistas de várias áreas que se relacionam de alguma forma com o gesto, indagando como cada um deles encontrou a questão do gesto em suas vidas e em suas práticas profissionais. A riqueza dessas entrevistas, a maioria aqui publicada, abriu um vasto panorama de interpretação para o conceito de gesto, revelando novos pontos de vista e norteando nossas pesquisas coreográficas e dramatúrgicas. Com uma equipe de seis bailarinos, vindos de lugares e *backgrounds* distintos no campo da dança, mergulhamos no levantamento de vertiginosas listas de gestos, matéria-prima da construção do espetáculo *100 gestos*, que estreou em agosto de 2012, no Rio de Janeiro.

Mas o projeto não acabou aí. Sentimos a necessidade de partilhar publicamente o riquíssimo processo de pesquisa desse projeto, o que foi possível com o apoio do Fundo de Apoio à Dança (FADA), que financiou esta publicação, que reúne entrevistas, escritos e imagens do processo de criação e do espetáculo final, além de um ensaio fotográfico feito especialmente para o livro.

Sem ignorar que o gesto atravessa todos os domínios da comunicação humana, da política à moda, da filosofia à arquitetura, do cinema à psicanálise, o foco principal de nossa pesquisa sempre foi o corpo. Tentar decifrar, na gênese do movimento, o que se expressa como gesto. Buscar dar visibilidade ao complexo emaranhado de memórias pessoais, aprendizado social e contaminações que tecem a expressão de cada sujeito desde a mais tenra infância e que são uma forma de ser-corpo no mundo. Procurar desvendar universos gestuais particulares a partir das relações que o corpo tece com o peso, com o espaço, com o tempo, com o movimento, com os outros corpos, com o público, com a representação etc., revelando o movimento dançado como um discurso. Um corpo que dança revela a especificidade da performance que ele inicia, em que as informações que se processam nele se articulam e se dão a ver com todas as implicações políticas e sociais que lhe são implícitas, seja nas relações com o próprio movimento, seja nas relações que estabelece com a cena e com o contexto no qual está inserido. Nenhum gesto é inocente, nenhuma dança é só estética. Cada vez que colocamos um corpo dançando em cena afirmamos um projeto de mundo, dizemos com gestos o que é importante e o que não é, o que merece ser apreciado, em que valores acreditamos, quais bandeiras defendemos, mesmo que inconscientemente. Cada projeto estético, por sua vez, não é independente do mundo que o cerca. Foi gestado nesse mundo e com ele dialoga, dando visibilidade a determinados parâmetros, dando voz ou calando algum discurso. E dessa forma colaborando na manutenção ou na transformação dos valores que o engendram. Todas essas relações são extremamente complexas e não devem ser simplificadas, como o fazem os manuais que interpretam os significados dos gestos como se eles não fossem estruturas abertas e plásticas, que se transformam e ganham novos sentidos de acordo com o contexto em que estão inseridos. Como decifrar o complexo emaranhado de memórias pessoais, aprendizado social, contaminações e interpretações que tecem a expressão física de cada sujeito? Não seriam muitas das nossas escolhas inconscientes e involuntárias, heranças adquiridas nas relações familiares e socioculturais, nas informações apreendidas e processadas ao longo da vida?

A aposta em um procedimento inventariante vertiginoso, tanto no processo de pesquisa e criação do espetáculo quanto aqui neste livro, optando por uma variedade de abordagens conceituais e universos gestuais, foi uma escolha. Fazendo minhas as palavras de Umberto Eco, em *A vertigem das listas:*[1] não são as listas e inventários uma "tentativa de dar conta da multiplicidade do mundo, apontando simultaneamente para os códigos reconhecidos de classificação e para uma maneira particular de captar, por sob as diferenças nomeadas e previstas, os parentescos subterrâneos entre as coisas, suas semelhanças dispersas? Ou num plano inversamente simétrico: captar, por sob as semelhanças explícitas, as diferenças invisíveis entre os objetos repetidos de uma série?". E existem listas coerentes, que reúnem entidades com algum tipo de parentesco, e listas incongruentes, como a enciclopédia chinesa de Borges,[2] que tanto nos inspirou na confecção desta coleção de gestos, práticas e discursos, e na qual os animais se dividem em: "a) pertencentes ao imperador, b) embalsamados, c) domesticados, d) leitões, e) sereias, f) fabulosos, g) cães em liberdade, h) incluídos na presente classificação, i) que se agitam como loucos, j) inumeráveis, k) desenhados com um finíssimo pincel de pelo de camelo, l) *et cetera,* m) que acabam de quebrar a bilha, n) que de longe parecem moscas."

1. Eco, Umberto. *A vertigem das listas.* Rio de Janeiro/São Paulo: Record, 2010.

2. Borges, Jorge Luis. "O idioma analítico de John Wilkins". In: *Outras inquisições.* São Paulo: Companhia das Letras, 2007.

Gostaria de agradecer a todas as pessoas envolvidas no longo processo de pesquisa que culmina nesta publicação, e em especial a Carla Stank, Eléonore Guisnet, Lindon Shimizu, Rodrigo Maia, Thiago Gomes e Tony Hewerton, por todo tempo e energia dedicados a este projeto, fazendo de seus corpos e subjetividades o nosso laboratório de pesquisa.

Dani Lima

Vomita. 8 ou 80. Tem muita coisa entre. Entre a melancia. Tentar escutar. Sem interpretar. Uns têm mais habilidade pra falar. É assim mesmo. Eu falo pra caralho. Hesitar. Será que posso falar outras coisas também? Com quais gestos me identifico? Livro do outro. Lógica do outro. Eu enfio o dedo na ferida dos outros. Eu sou contaminada. Não tem essência. Você está querendo um dado de realidade. Meu corpo não gosta de calor. Eu costumo dizer que sou um indignado. Isso é uma conversa à parte. Eu sou maternal. Nein nein nein. Cobrir. Pentear. Eu transcendo. Sentar. Eu resisto. Rebolar. Eu sou simples. Colocar. Quem tiver com a bolinha está com a liderança, ok? Eu sou sincera. Balançar. Às vezes fico meio zumbi. É que ela gosta do Nação Zumbi. Pois é, estou nesse momento. Vomita. Eu sou perigosa. Livro da atenção. Pra mim. Alguém vai ter que me cortar. Doa a quem doer. A criança cresce muito quando fica longe da mãe. Eles precisam de um intervalo. Instrução. Livro do tempo. O Neco falou que estava nublado. Ele olhou. Ele não olhou. É cultural. O inglês segura a lança na direita. E você que fala outra língua, como é que é pra você? Eu trabalhei com um grupo de japoneses. O monstro de vocês estava lá em Bangu. Quando essas modelos chegam, elas parecem faxineiras. A minha psicanalista vai me matar. Cinco empregadas. DVI. EH7. Eles trabalham em silêncio. Qual é a sua estratégia? Só o monstro ou o monstro com gesto? Eles sempre me picam. Eu não tô falando mal deles. Olha, quem tiver alguma coisa pra acrescentar... Vocês são os únicos amigos que eu tenho no Rio. É um grupo que se respeita. Modular o tônus. Um pau dentro consentido. A dança virou um clube. Como eu. Como você. Todos tiveram momentos bonitos. Eu estou vendo na cara deles que precisam de um intervalo. É isso, gente. Meu cu. Cílio azul. Sangue de glitter. Calcinha rosa. Porque a Gisele Bündchen tem uma performatividade incrível. Parecia que a minha filha tinha crescido muito. Qual é a matriz? Vomita. Ah, mas depois eu chupo. Eu gosto. Formem duplas. Posso fazer o advogado do diabo das duas? Eu tenho facilidade pra seguir. A gente está só

conversando. Tudo é tradução. Não adianta a gente fingir que sabe. Eu vou propor então! Tudo é ficção. Tudo é tradução. Não adianta a gente fingir que sabe. Eu vou propor então! Tudo é ficção. Tudo é tradução. Não adianta a gente fingir que sabe. Eu vou propor então! Tudo é ficção. Vocês querem conversar ou fazer o monstro? Depois do café. A gente percebe a sexualidade da pessoa pela maneira com que ela come um figo. Será que eu escolho? Eu sabia que não ia dar pra inverter. Eu sabia que hoje ia tirar a roupa. O Tony gosta de ordem. Livre-arbítrio. Vai passar o gelo, sim. Você vai ter que correr pelado. Eu funciono muito por ignição. Corpo em crise. Gogo em ação. Competição. A gente só aprende na limitação. Vamos mudar de posição? Manipular a informação. Por que você precisa de uma autorização? Ter alguma coisa pra se agarrar, sabe? Hierarquia. Então, gente, fala um lugar bem longe daqui. Horizontalidade. O chão está imundo. Eu quero ver a sujeira do gesto. Transgressar. Manoel de Barros. A palavra me transforma. Asséptico. Xoxando. Micagem. O mundo me indigna. Pano de fundo. Ah, então faz um anjo. Cara, eu tenho um tesão em ruivos. Macaco. Olha, a gente faz um verbo e pensa no outro. Ai, se meu marido me ouve falando essas coisas. Fumar. O que você falou? A arte hoje está na cultura do matar ou do morrer. Eu estou aqui pra bombardear. Mas esse furo não estava no meio da sala? Vomita. Mas qual é o verbo? Ih, esqueci... Então fala outro. Já que tudo está imbricado, como ser específico? Alô! Cobrir. Alô! Acariciar. Alô! Agitar. Desvirar o piso. Desmontar o gesto. *Fodencrazy*. Segurar o cavalo com a mão esquerda. Por que você segurou a informação? Como olhar pro nosso produto? Vai lá, gente, pensem que vocês estão de férias! Bonavita! E ela já estava lá. Debaixo do piso. Se divertindo. Como ficar na tarefa? Eu fiquei feliz quando o Neco falou que estava nublado. Eu fiquei muito tempo longe da minha filha. Olha que podem roubar o seu filho no supermercado, hein? Paranoia. Eu queria não ter percebido. Ingênuo. Você é inteligente. Um grupo não resistente. Quer que eu vá lá embaixo comprar pão? Léo, você trouxe o seu vestido? Sessenta reais. Ninguém vai falar o que vocês têm que fazer. Neurotizar. Psicotizar. Blasfemar. Vomita. É Carlinha quem está no banheiro? Tá fazendo cocô? Eu não estou entregando a minha bosta. Eu estou entregando o meu ouro pra vocês. Gesto-pensamento. Porque a dança não pisa mais no chão. Carla!

Carla! Carla! Vocês já desmaiaram? É. Criticar de fora é fácil. Eu quero ver criticar de dentro... Vomita. Um manifesto que não seja seu. Gente, eu vou levar um monte de manifestos. Profanação. Só do que já foi consagrado. E aí tudo pode ser feito com a maior verdade.

Quem vai querer falar com as suas palavras o que eu acabei de dizer?

Carla Stank

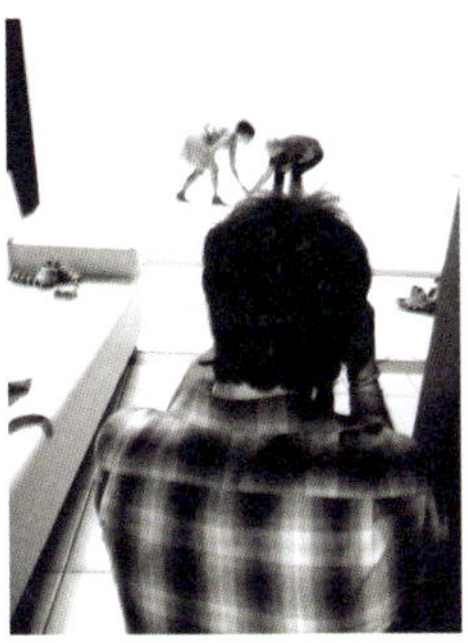

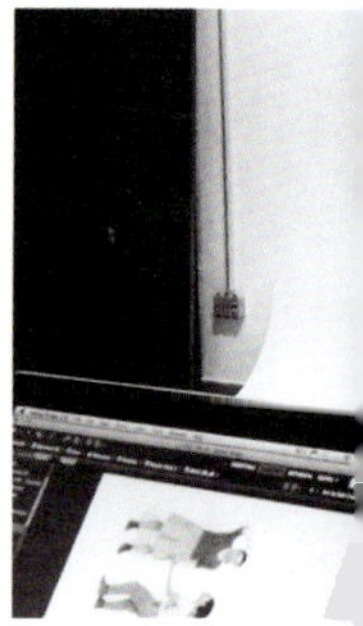
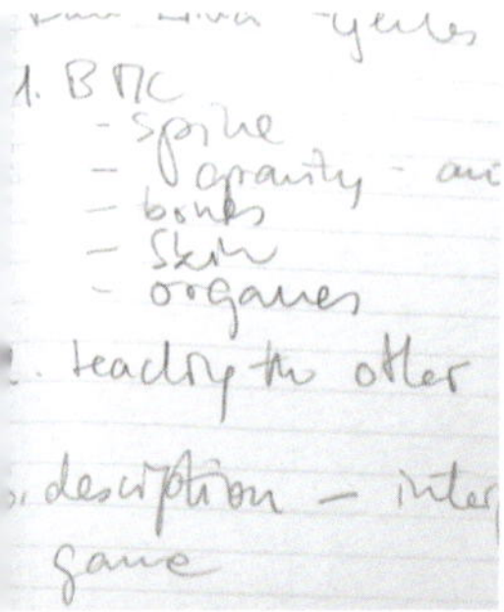
1. BMC
- spine
- bones
- skin
- organes
teaching the other
description
game

100
GESTOS
CIA
DANI LIMA

Espiralar
Abandonar
Entregar
Torcer
Ralentar

O LIVRO DA COMUNIDADE
JOGAR CARTAS C/ AMIGOS
EXORCISMO
CAGAR EM PÚBLICO
NAZISMO
CHORAR EM PUBLICO
TOCAR FOGO AO CORPO
HIROXIMA
PROIBIR
TARZAN
POSITIVO POLEGAR
MACUNAÍMA
BULLING
RESISTIR
LIBERAR
PANTERAS NEGRAS
ENFRENTAR O TANQUE EM PEQUIM
DESITIR DE ALGUMA COISA EM FAVOR DE ALGUÉM
DAR A MÃO PRA ATRAVESSAR A RUA
LEILA DINIZ
CASTIDADE
TORRES GÊMEAS
PERMITIR
FUNK
TRANSAR COM UM IRMÃO
PEDOFILIA
PELÉ
VIRGINDADE
LUA
PASSEATA GAY
PAZ e AMOR
REPRIMIR
LIA RODRIGUES
CHICLETE
MOSTRAR O SEXO
ACEITAR
CONTROLAR
RAP
COMUNICAR
IGUALAR
REUNIR
HOLOCAUSTO
VALSA

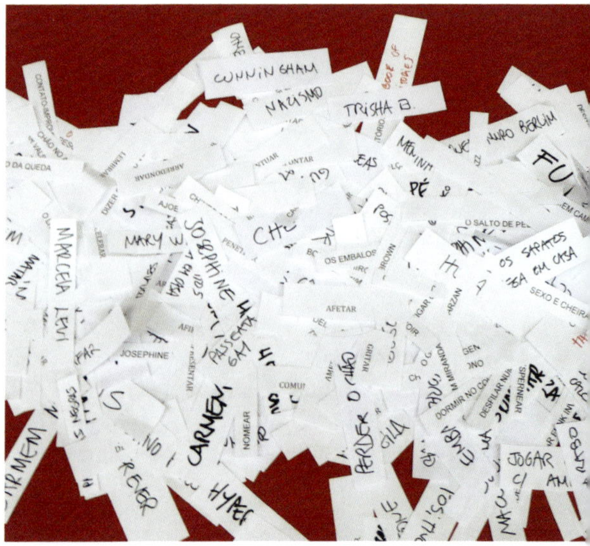
CUNNINGHAM
NAZISMO
TRISHA B.
MARY W.
JOSEPHINE
PASSEATA GAY
OS EMBALOS
AFETAR
CARMEN
NOMEAR
PERDER O CHÃO

Humanidade artificial

A lembrança mais antiga de Michael é um sonho.

Uma mulher está dançando na sala da casa onde Michael mora com seus pais. Uma mulher com um vestido leve esvoaçando ao redor do seu corpo enquanto se movimenta pela sala. Ela agita lentamente os braços acima da cabeça, ergue uma perna, rodopia, inclina o tronco. Michael tenta fazer um desenho da mulher com seus lápis de cera, que vinham numa caixa com oito cores: marrom, vermelho, laranja, amarelo, verde, azul, rosa e preto. Mas ele não consegue desenhar porque a mulher se move e a forma da roupa muda o tempo todo, e seus cabelos fazem uma espécie de nuvem ao redor do rosto. Michael tenta desenhar, mas faz tudo errado, mistura as cores e pinta o cabelo de verde, ou desenha dois olhos do mesmo lado do rosto. Então Michael começa a chorar, enquanto um senhor de barba branca olha para ele, sem fazer nada. Quando acorda, Michael ainda está chorando.

Em 1968, Michael tem 12 anos. Seu pai usa óculos escuros e fuma cigarros. Sua mãe usa peruca e queima sutiãs. Eles moram perto de uma grande torre de metal, onde as pessoas sobem em elevadores para olhar a cidade lá de cima. Michael e seus pais têm em casa uma máquina de lavar, uma gravura de uma lata de sopa na sala de jantar, uma vitrola e uma televisão em cores.

Michael ainda lembra de outras coisas. Coisas importantes e coisas insignificantes. Lembra de quando sua mãe cantava "All we need is love" para ele dormir. Lembra de que a guerra sempre existiu, desde que ele era bebê. Lembra de uma vez ter visto o pai ir para o trabalho usando a peruca de sua mãe, mas depois seus pais disseram que ele imaginou isso. Lembra da primeira vez que foi ao cinema, e do primeiro dia de aula, e da primeira vez que beijou alguém.

A escola onde Michael estuda fica perto de sua casa, em um grande terreno vazio. Seus pais dizem que antes de construírem a escola

havia neste terreno muitos prédios, que foram destruídos por bombas logo no início da guerra. Depois construíram a escola onde Michael estuda, mas nas redondezas ainda há alguns montes de ruínas. Quando explora os escombros, Michael encontra brinquedos quebrados, arquivos, vitrines com os vidros ainda inteiros, muitos livros, montes de sapatos. Aparelhos elétricos, a maioria sem funcionar. Milhares de embalagens velhas e sujas de plástico colorido. E caixas e caixas e caixas e caixas e caixas cheias de fotos de pessoas que ele não conhece. Atrás das fotos há nomes escritos, e às vezes alguma palavra ou frase ou uma data.

Michael às vezes tinha pesadelos, como quando sonhou que mísseis caíam sobre sua cidade, destruindo todas as casas. Os relógios derretiam com o calor e as crianças pegavam fogo e corriam pelas ruas, nuas, de braços abertos. Outras vezes sonhava que estava em um mundo em que todos eram macacos, e o trancavam em um zoológico e riam dele. Ou que ele era a única pessoa viva na cidade, que o Rio de Janeiro estava vazio e ele estava completamente só.

Michael lembra da última vez que foi ao cinema com os pais. Sua mãe usou um vestido branco, que levantava quando eles passavam por cima das saídas de ar. Quando isso acontecia, o pai de Michael ria com o cigarro no canto da boca e levantava seu chapéu com a ponta dos dedos. Dentro do cinema, uma menina que ele conhecia da escola passou por ele e lhe soprou um beijo. Ela cheirava a chiclete de tutti frutti. Michael olhou em volta e viu todas as pessoas que ele conhecia, e todas usavam óculos e olhavam para a tela. Era algo impressionante e assustador de se ver. Era um filme de ficção científica, em preto e branco. Mostrava uma cidade imensa, com prédios enormes e carros voadores, com nobres poderosos que viviam em jardins, mas escravizavam os operários do subsolo. Um cientista cria robôs para ajudar a escravizar os operários, e faz com que um dos robôs tenha a mesma aparência de Maria, que tenta dar melhores condições de trabalho aos operários. Assim o robô vai se infiltrar entre os operários e descobrir os seus planos. Mas um detetive que trabalha para os poderosos começa a seguir o robô-Maria e se apaixona por ela. Mesmo assim, o detetive acaba matando o robô-Maria. Os operários se rebelam contra os poderosos. Muitos deles, homens, mulheres e bebês em carrinhos morrem nas escadarias dos grandes prédios, em

uma cena terrível. Mas os operários acabam derrubando os poderosos. Ao final, o detetive descobre que também é um robô e se mata.

Quando as luzes se acenderam, Michael estava chorando, assim como todos no cinema. Seus pais choravam discretamente, mas choravam. Depois do filme, ainda viram comerciais de chocolate e sabão em pó e um noticiário que mostrava aviões bombardeando aldeias, multidões gritando em um protesto contra o governo, ou em um show de música, e um cientista em cadeira de rodas falando sobre o tamanho do Universo. Enquanto o cientista falava e falava, Michael começou a se sentir tonto. E dormiu.

Alex Cassal

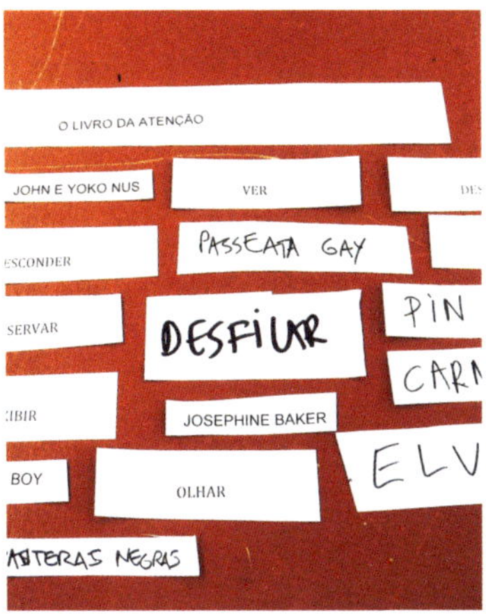

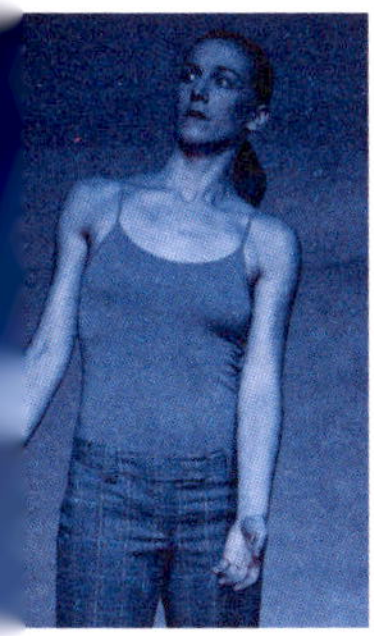

martha
elvis
fred
adolph
bruce
michael
carmen
jeniffer
sidney
arnold
yvonne
ivete
bob
doris
dzi

josephine
john
marilyn
angel
vaslav
mary
corisco
leila
isadora
clark
merce
lia
pina
gisele
akuma

macaco bate palma dragonball aquilo de que somos feitos dedo em riste modelo-manequim pisando na lua batman e robin esse samba que é misto de maracatu samba de preto velho samba de pretutu all that jazz quem são eles, soldado? carlitos beijo na boca oh lord won't you buy me a mercedes-benz se entrega corisco godzilla dançando valsa no colo do pai branca de neve oh yeah ai que preguiça duchamp oba! as panteras os panteras negras merci e bagouet street fighter os 7 samurais josephine baker oscarito abrir as pernas west side story e da montanha ouviu-se um grito blade runner a casa é o corpo vai tomar no cu cansada põe a mão na testa trisha brown geni guerra nas estrelas alegria alegria beat it de castigo com a cabeça baixa hair punho cerrado valha-me deus nossa senhora guernica bob fosse a um passo da eternidade elvis buscapé ciríaco life is a cabaret kung fu rebolabola jean-luc godard i love to love you baby cid charisse we want you merce cunningham axé escondendo o rosto com as mãos quem não se comunica se trumbica singing in the rain bang bang maysa no to the heroic no to the anti-heroic sexual healing pollock vira vira vira homem vira vira jerry lewis 2001 ring my bell amacord freak le bumbum excalibur casablanca mary a feiticeira dalí cruzar os braços marilyn paz e amor gogo boy alegria é a prova dos noves o sétimo selo dancing queen o povo unido jamais será vencido maracatu atômico tapinha nas costas serial killer queimar o soutien kill bill melodrama je t'aime moi non plus supercalifragilisticexpialidocious tocar fogo ao corpo querelle madonna she's a maniac aperto de mão tom & jerry bruce lee i have a dream cazuza simone de beauvoir greve de fome rizoma super-homem john lennon rebelde sem causa bertold brecht satisfaction carla perez the show must go on somewhere over the rainbow i've got to be a macho man scarlett o'hara i've got you under my skin venha para o mundo de malboro marta graham che hiroshima mon amour pelé heil! laban live long and prosper passear de mãos dadas on the road tico-tico no fubá she-ha my name is bond joão saldanha meu nome é gal rolando no chão wim embalos de sábado à noite nijinsky eu sei que eu sou bonita e gostosa queda e suspensão purple rain chupa-chupa magal psicose matinê arrastão forsythe bolero de ravel leila diniz ataque de pânico laranja mecânica doe a deer a female deer pin-ups sorrir rosas vogue só as cachorras as preparadas as popozudas hang loose kate marrone mascar chicletes release it nunca houve mulher como gilda vietnã king kong uma tigresa de unhas negras isadora come on baby light my fire pina minha pele é de carnaval jules e jim meu coração é igual

A lista se transforma num modo de remisturar o mundo, quase colocando em prática aquele convite de Tesauro a acumular propriedades para fazer brotar novas relações entre coisas distantes ou, em qualquer caso, para colocar um talvez sobre aquelas já aceitas pelo senso comum.

Umberto Eco, *em* A VERTIGEM DAS LISTAS

Se a dança é gesto é porque esta é somente a exibição do caráter medial dos movimentos corporais. O gesto é a exibição de uma medialidade, o tornar visível um meio como tal. Este faz aparecer o ser-num-meio do homem e, desse modo, abre para ele a dimensão ética. [...] O gesto é, neste sentido, a comunicação de uma comunicabilidade.

Giorgio Agamben, *em* NOTAS SOBRE O GESTO

REVELAR

NÓS
SOMOS
PRODUTOS
DOS
GESTOS
QUE
NOS
CARREGARAM
OLHARAM
NINARAM

ESTABELECER
FALAR
FITAR
IGNORAR
ENTENDER
TEMER
ORGANIZAR
INFORMAR
FITAR
FORÇAR
SONHAR
FLAGRAR
REVELAR
REVELAR
IMAGINAR
DESLIZAR
DESPEDIR
EXIBIR
TOCAR
ARREPENDE
CELEBRAR
NEGAR
MANIPULAR
CHEIRAR
LEVANTAR

XPLICAR
PERDOAR
EXAMINAR
TERMINAR
EXIBIR
PONTAR
DESISTIR
REVELAR
ENCARAR
FORÇAR
LANEJAR
FLAGRAR
SEGURAR
APRESENTAR
LIMITAR
REPENDER
EXPANDIR
ESCONDER
DELINEAR
DESENHAR
PRESENTAR
REPRESENTAR
LEMBRAR
DUVIDAR

EXAGERAR
ISENTAR
AGARRAR
PERMITIR
OPRIMIR
COMUNICAR
DOMESTICAR
MANIPULAR
RETORNAR
SEDUZIR
CONVENCER
VIR
SOLTAR
SOLTAR
DEFENDE
IMPEDIR
DELIMITAR
SOLTAR
INTIMIDAR
SAIR
ABANDONAR
EVITAR
RECEBER
COMPACTUAR
IR

MENTIR
FLUTUAR
ESTABELECER
ASSUMIR
ASSUMIR
RAGILIZAR
APRESENTAR
SEDUZIR
DESISTIR
EMBELEZAR
QUERER
FUGIR
EMPODERAR
EMPODERAR
DAR
SAIR
IMPEDIR
ABSOLVER
TIRAR
CHEIRAR
ERIMENTAR
ARRASTAR
BISBILHOTAR
ESCLARECER

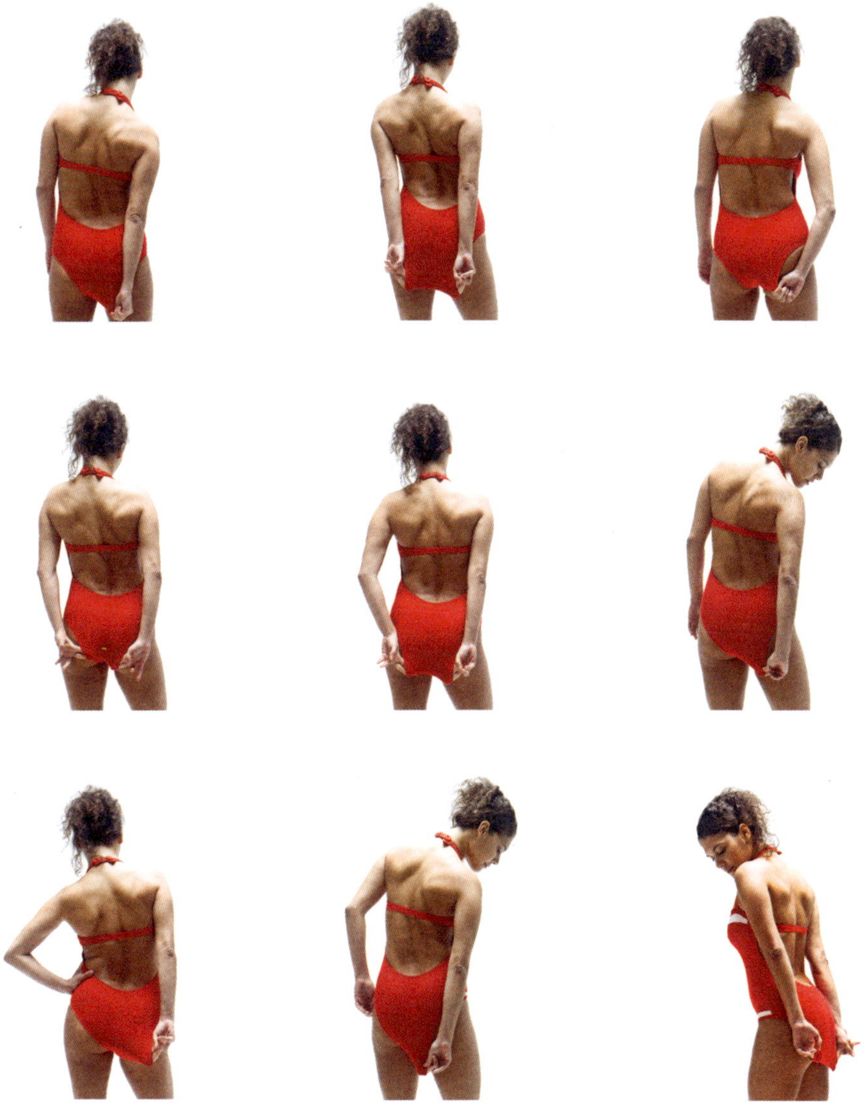

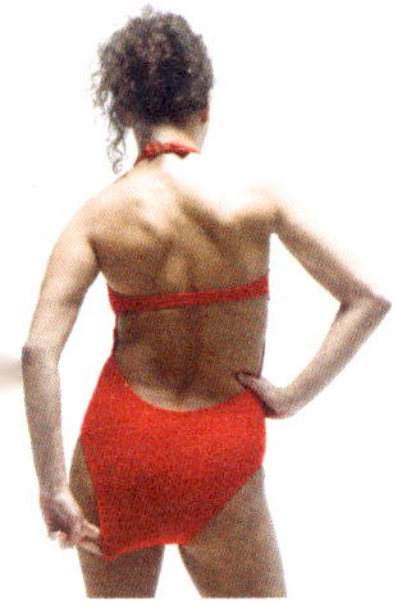

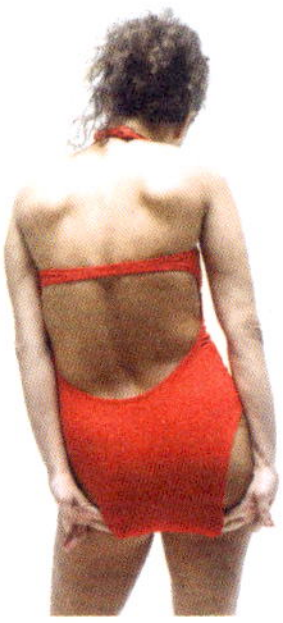

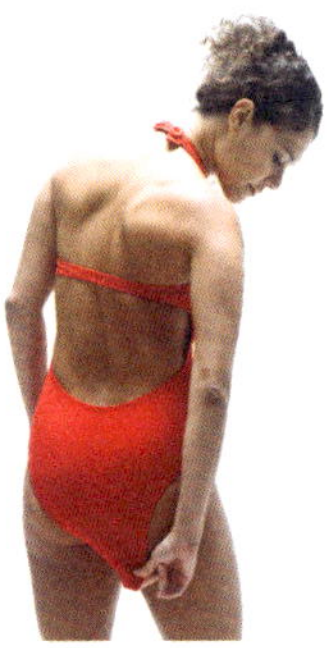

virar
exibir
arrumar
rebolar
beliscar
esconder
deslizar
manipular
penetrar
demarcar
desvendar
organizar
apertar
puxar
tocar
sair
posar
diminuir
embelezar

seduzir
ajustar
limpar
enfiar
tirar
torcer
aumentar
envergonhar

REVELAR

REVELAR

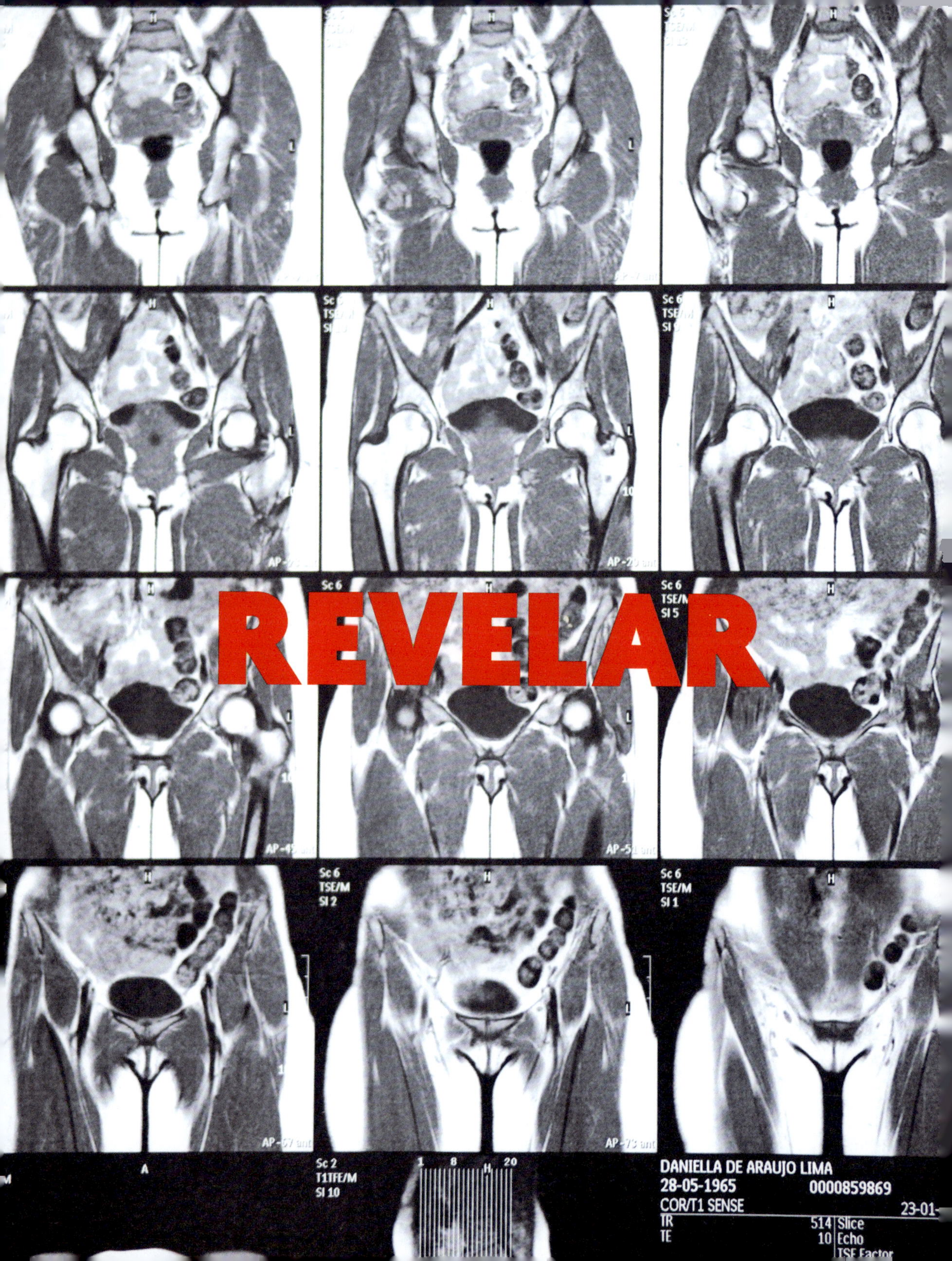
Sc 6
TSE/M
SI 5
Sc 6
TSE/M
SI 2
Sc 6
TSE/M
SI 1
Sc 2
T1TFE/M
SI 10
DANIELLA DE ARAUJO LIMA
28-05-1965
0000859869
COR/T1 SENSE
23-01-
TR
TE
514 Slice
10 Echo

SPIRITVSSANTVS·SVPERVENIET·INTE
ET·VIRTVS·ALTISSIMI·OBVMBRABIT TIBI
ECCE·ANCILLA
MICHI·SECVNDVM

REVELAR

ı segredo de família • quem foi • a preferência sexual • o meu amor por você •
im do filme • que está com medo • uma foto • onde estão escondidas as joias •
e o amor acabou • um mistério • toda fragilidade • a receita do bolo • que não
be • todo o meu desejo • o esconderijo • que fui eu • o que que a baiana tem •
do poder • a sua opinião • o significado • que precisa fazer xixi • o que ele disse
tes de morrer • a história toda • o que está por trás • a verdade • toda a dor •
ódigo secreto • que sente vergonha • que prefere brancos • tudo • quem é o pai
criança • que não quero mais • que vai embora • que brochei • embora • quase
do • a senha do cartão • que você é adotado • o que precisa ser visto • que é o
sassino • o que eu não quero • o segredo que abre o cofre • que não está feliz •
e vai vomitar • uma fofoca que ela me contou • o mapa do tesouro • que eu não
esto • que não há cura • o sexo do neném • que é mentira • que eu sou pobre •
e sou gay • quem ficará com a herança • que ninguém é perfeito • que não quer •
e não vem • com quantos paus se faz uma canoa • a origem do mundo • onde
tão as armas de destruição em massa • que fingi o gozo • que estou morrendo •
e sou feliz • a inveja • a raiva • a carência • que está com fome • que domingo
seu dia favorito • que te traí • que não vai dar mais • que se perdeu • que não
be ler • a localização • a malícia • quem ganhou na loteria • onde mora • o tipo
nguíneo • uma pinta nas nádegas • o plano secreto • o truque • que não sou sua
ie • onde está wally • o outro lado da morte • que não está mais ouvindo • de
de veio • pra onde vai • o que tem dentro da mala • nos raios x • a cor da calcinha •
verdadeira intenção • que soltou um pum • que preciso de você • que gosto
levar uns tapas • que gosto de dar uns tapas • que não dei conta • que não sei
nçar • que preferia negros • que tem tesão por crianças • que não quer ter filhos •
em matou odete roitman • que não existe papai noel •
úvida • a patente • que é soropositivo • que não poderei ir à
a festa • que você tem mau hálito • o fundo falso da cartola •
destino • a sorte • a lista dos selecionados • que é o dono
bola • que é a sua vez • que irei me vingar • a maldição de
tankamon • uma escoliose • que está grávida • a sentença

*A obra da mão é mais rica do que se imagina habitualmente. A mão não apenas segura e prende, aperta e empurra. A mão se estende para dar e receber, não apenas coisas, estende-se ainda às outras mãos e as recebe. A mão guarda. A mão suporta. A mão assinala (*zeichnet*), provavelmente porque o homem é um signo (*Zeichen*).*

[...] *Os gestos da mão atravessam por toda parte a linguagem e, de forma particularmente mais pura, quando o homem fala calando-se. É inclusive somente até onde vai o seu falar que o homem pensa, e não o contrário, como a metafísica ainda acha. Cada movimento da mão, em cada uma de suas obras, se sustenta e se torna gesto em meio ao elemento do pensamento. Toda obra da mão repousa (*beruht*) no pensamento.*

Martin Heidegger, *em* QUE CHAMAMOS PENSAR?

NEGOCIAR

- ajudar a escrever

valsar com m

- jogar lixo fora

mastigar o chicle

de [illegible]

- fumar desajeita

- arrastar no chão com

- fazer cafuné com

na mi

dançar como bagou

música desfile a

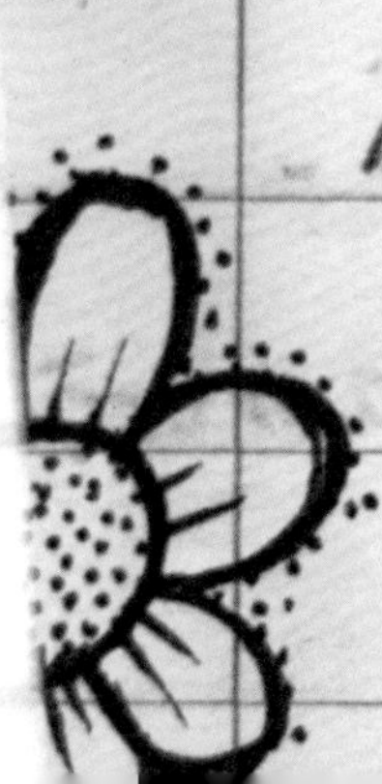

levanto o braço de

entrevista com **BENILTON BEZERRA**

Benilton Bezerra Jr. é psicanalista, psiquiatra, professor do Instituto de Medicina Social e pesquisador do PEPAS — Programa de Estudos e Pesquisas da Ação e do Sujeito, ambos na UERJ.

CHRISTOPHE WAVELET: Como você se relaciona, dentro do campo teórico da psicanálise, com a questão do gesto, que é problemática desde Freud?

BENILTON BEZERRA: Ouvindo a sua pergunta, lembrei que talvez tenha sido o gesto de um outro que tenha me jogado no campo da doença mental, da psiquiatria e da psicanálise, há muito tempo, quando eu ainda era estudante de medicina. Nossa turma foi a uma aula prática na enfermaria de um hospital psiquiátrico tradicional, de um asilo. Era uma cena dantesca, que hoje, felizmente, já não ocorre com tanta frequência, pelo menos no Brasil. Havia centenas de pessoas malvestidas, completamente maltratadas, que perambulavam meio nuas nos pátios. Era uma coisa um pouco surreal porque ao lado disso havia a figura do médico de roupa branca, com ar de cientista, falando sobre psicopatologia. A aula era prática. Então ele nos levou a uma janela, mostrou um pátio onde havia várias mulheres — boa parte sem roupa, algumas poucas conversando, mas a maioria desorientada —, chamou um enfermeiro e disse para que ele pegasse a que ele apontara. Era uma aula de terapias práticas e o médico faria uma demonstração de eletroconvulsoterapia, de eletrochoque. O enfermeiro trouxe a moça, que, já sabendo o que ia acontecer, começou a dizer "não, doutor, estou bem, estou me sentindo bem, não precisa", mas ele não deu importância ao que estava ouvindo. Colocou a moça deitada, sem anestesia, sem nenhuma preparação, botou um maço de alguma coisa entre seus dentes e, enquanto ela se debatia argumentando, *puft!*, fez a descarga elétrica. E mostrou: primeiro, a fase tônica. Agora, a fase clônica. Algum tempo depois, ela se acalmou. Isso me deixou — deve ter deixado, a todos, eu imagino — completamente estarrecido. Como ele pôde fazer um gesto desses, tendo supostamente a intenção de formar pessoas para tratar o sofrimento dos outros? Disso eu nunca me esqueci, e foi o que me levou a ingressar na psiquiatria e a trabalhar, todos esses anos, no projeto de reformá-la. Talvez porque o caráter brutal desse gesto tenha revelado instantaneamente quanto aquele universo precisava de outros gestos, contrários àquele. Pouco tempo depois, conheci o trabalho dos italianos, de [Franco] Basaglia, líder do

movimento da chamada Psiquiatria Democrática, e entrei em todo aquele universo de contestação da psiquiatria dos anos 1970, inspirada pelo trabalho de autores como Michel Foucault, Robert Castel, Thomas Szasz, Ronald Laing e muitos outros, que vieram a dar origem ao processo de Reforma Psiquiátrica no Brasil, poucos anos depois. Foi aí que vi que havia um campo em que outros gestos poderiam ter o poder de desconstruir aquele universo e construir novos. Do ponto de vista pessoal, na minha trajetória, esse talvez tenha sido o instante que teve o efeito inaugural. O gesto de um outro me impeliu a responder àquilo, e me constituiu, digamos assim, como profissional.

Quanto à questão do gesto na teoria da psicanálise, bom, você sabe, a psicanálise é um campo, um universo complexo, e há dentro desse universo tribos que são autorreferidas o bastante para não conversarem umas com as outras. Aliás, como as tribos de verdade, algumas se consideram as únicas que são realmente de psicanalistas. Os outros estariam equivocados ou seriam candidatos a psicanalistas no futuro, quando viessem a conhecer a palavra, o evangelho do qual eles são portadores. Essa é uma prática que, pelas referências às quais eu me liguei quando entrei no campo da psicanálise, procurei sempre evitar. Em relação às teorias psicanalíticas, fui influenciado pelo contato que tive muito rapidamente com uma perspectiva wittgensteiniana, pragmática. Eu aprendi a usá-las como ferramentas. Não como espelhos da realidade, mas como ferramentas para mexer na realidade. Para pessoas que têm essa entrada no campo do estudo teórico, a disputa entre tribos não tem muito apelo. O fato de eu ser brasileiro talvez ajude, porque aqui há essa disputa, mas os mestres dessas tribos não são brasileiros. No Brasil, desenvolveram-se algumas gerações de pessoas que pensam de maneira livre, que são capazes de explorar, com proveito, com interesse, com curiosidade Winnicott, Lacan, Melanie Klein... Essa perspectiva pluralista em relação à teoria, que tem a premissa filosófica de que teorias são instrumentos para orientar nossa ação no mundo, me faz ter interesse em diversos autores. Pensando rapidamente, acho que há pelo menos dois autores com os quais é possível pensar a importância da questão do gesto na vida subjetiva, individual e coletiva. Um é Winnicott, outro é Lacan. O gesto, a palavra gesto, faz parte do vocabulário winnicottiano, embora não faça parte do vocabulário lacaniano. Winnicott era um psicanalista muito peculiar, porque era médico e pediatra antes de se tornar psicanalista, e era um sujeito que tinha um interesse bastante livre em relação à tradição freudiana. Segundo sua mulher, ele tinha dois heróis intelectuais: Darwin e Freud — primeiro Darwin, depois Freud. Acho que isso foi decisivo; ele ter lido Darwin antes de Freud. Isso lhe permitiu ter uma visão do ser humano muito marcada pela apreciação daquilo que em nós é natureza. Ele usa, por exemplo, uma expressão que para muitos psicanalistas é quase um anátema: "natureza humana". Ele é uma espécie de vitalista raro no campo da psicanálise, no sentido de que sua maneira de compreender a subjetividade parte da premissa de que somos, em primeiro lugar, seres vivos, e que a ordem vital é não só a fonte da vida psíquica, mas uma dimensão inerente a ela, em grande parte irredutível à dimensão simbólica. Winnicott partia da ideia de que quando a gente vê um bebê, vê, em princípio, um ser que nasce com certas características e propriedades que são dos seres vivos. Depois, por um processo de complexificação progressiva, que ele chama de amadurecimento, palavra que outros psicanalistas também detestavam e que ele usa sem problema, surge uma forma mais complexa de posição em relação à experiência com a emergência do que chamamos de "sujeito". Não apenas um agente, pois bebês e outros animais também são agentes. Não apenas um agente moral, isso qualquer pessoa é. "Sujeito" é aquele capaz de inaugurar uma forma de ser diferente, de romper com o estabelecido e introduzir uma novidade absoluta, muitas vezes contrariando mecanismos de adaptação estabelecidos. Winnicott vê isso como uma espécie de complexidade crescente, dada sua perspectiva naturalista. Ele usa uma expressão, "o gesto espontâneo", para aludir à característica de um bebê que tem a sorte de vir ao mundo e ser acolhido por um ambiente que propicia o desenvolvimento das suas potencialidades. Para ele, todo ser humano tem em potencial a possibilidade desse gesto espontâneo. O gesto espontâneo é a exploração do mundo. À medida que o bebê, a criança, vai explorando o mundo, ele vai constituindo o seu universo, a partir do tipo de resposta que recebe. Pelo tipo de alcance que o gesto pode ter, pelo tipo de resultado que aquela experimentação, mesmo incipiente, produz para ele. A visão de Winnicott é de que todos nós somos um pouco — os mais saudáveis ainda são muito — aquele bebê. Nos menos saudáveis, essa característica foi, de alguma maneira, massacrada, cristalizada. O gesto em Winnicott é um instrumento para pensar o que seria uma vida boa de ser vivida, aquela na qual o indivíduo é capaz de, espontaneamente, fazer gestos no cotidiano que tornem o mundo apreciável, instigante, estimulante, capaz de criar novidade no mesmo lugar, fazendo as mesmas coisas. São pequenos gestos. Ele usa, inclusive, exemplos comezinhos: fazer um prato a que você está acostumado, mas fazer de um jeito diferente. Ele vai até a banalidade do gesto, mas uma banalidade muito especial, porque isso é o que dá o tom da vida. A qualidade da vida é feita fundamentalmente dos pequenos gestos, não dos grandes movimentos, das grandes decisões. A vida é vivida nos pequenos gestos e é isso que dá o que ele chama de "saúde" — outro termo que ele usa de maneira corajosa para um psicanalista. Do ponto de vista de Winnicott, isso é algo que todo mundo tem em potencial. Os mais afortunados têm liberdade para explorar essa inclinação, portanto vivem uma vida mais criativa — não de criação artística necessariamente, mas uma vida criativa no cotidiano. A psicanálise, de certa maneira, seria um dispositivo para resgatar, sustentar ou ampliar a capacidade de qualquer pessoa, no fundo, no fundo, de produzir gestos espontâneos. O que se espera de alguém que faça uma análise bem-sucedida, resumindo, seria mais ou menos isso, seria uma espécie de mínimo múltiplo comum das inúmeras trajetórias a que uma análise pode levar.

Por variadas razões, as pessoas se veem fazendo gesticulações — para fazer um contraponto à ideia de gesto — que são, na verdade, respostas adaptadas às expectativas do outro, mas não expressões da sua espontaneidade. Necessariamente, como seres sociais, temos que nos adaptar às regras, mas o ser humano tem a capacidade de fazer uma negociação entre o que é necessário, em termos de adaptação, e o que é desejável, em termos de ruptura, em relação a essa adaptação. Ele tem a capacidade de criar, de recomeçar, como diz Hannah Arendt.[1] A análise deveria fazer com que as pessoas sentissem a sua vida mais interessante ao serem capazes de fazer esse gesto espontâneo. Para a perspectiva de quem trabalha com psicanálise, essa é uma maneira muito importante de pensar o gesto, porque suas consequências para o dispositivo da clínica são imensas. Inclusive para pensar a ampliação do que deve ser o horizonte ético da clínica. Todas as coisas que giram ao redor do campo da clínica e do cuidado, teorias, conceitos, dispositivos, leis, só se justificam na medida em que o resultado visado seja esse. Com psicóticos, com autistas, com neuróticos, com delinquentes, com alunos, seja lá com quem for, o objetivo mais amplo é esse. Isso tem um valor ético que inclusive transborda o campo da clínica dos transtornos psíquicos.

Já a maneira como Lacan pensa a constituição do sujeito é muito diversa da de Winnicott. Enquanto Winnicott pensa num movimento contínuo de complexidade crescente na emergência da vida subjetiva — como ele diz, é uma teoria continuísta —, Lacan pensa de forma diferente. Quem estaria certo, este ou aquele? Essa pergunta não cabe, pois eles descrevem as coisas de maneiras diferentes. A maneira winnicottiana é boa para algumas situações, faz ver as coisas de certa maneira, e isso é muito importante. Já Lacan faz a gente ver as coisas de um modo bem diferente. Há problemas, contrastes, disputas, mas são modalidades de configuração do que percebemos como a realidade da vida subjetiva; são maneiras de construir a matéria sobre a qual a gente se debruça. Um acentua a continuidade, o outro prefere acentuar a descontinuidade. Para Lacan, o sujeito se constitui de uma maneira traumática. O *trauma* da linguagem, a *intrusão* do significante na carne, são essas as metáforas que procuram dar conta da origem alteritária do sujeito. Eu sou jogado no mundo e crivado de palavras, sons, sentidos aos quais tenho que responder, sem saber direito o que se espera de mim, tendo que responder às expectativas claramente ditas e às inconscientes — dos pais, dos pares, da sociedade. É nesse torvelinho que cada um se constitui como o sujeito que consegue *ser*, que vem a ser.

Se a gente pudesse procurar, digamos, um termo, um conceito lacaniano importante para pensar essa dimensão criadora do gesto em Winnicott, talvez a palavra mais interessante fosse ato. Porque o ato não é apenas o comportamento, não é apenas o agir no sentido simples da palavra. O ato é também aquilo que inaugura uma nova realidade interna psíquica, uma nova realidade na relação com os outros, ou mesmo na visão do mundo. Esse é o verdadeiro ato,

1. Em *A condição humana,* ela diz, chamando a atenção para o valor da ação, que "os homens, embora devam morrer, não nascem para morrer, mas para recomeçar" (Rio de Janeiro: Forense, 2000, p. 258).

e acontece, muitas vezes, sem que se tenha planejado. É, digamos, uma resposta inesperada a uma injunção para a qual eu não tenho respostas que caibam, ou na qual as respostas que estão diante de mim não me satisfazem, e ajo de maneira tal que torno possível, não só para mim, mas para muitos outros, pensar o sujeito, pensar o outro, pensar a relação entre as pessoas, o mundo, o que é certo e o que é errado, o que é bonito, o que é feio, de uma forma diferente. Nesse sentido, o ato tem a capacidade de reorganizar aquilo que a gente reconhece como sendo o mundo tal como ele é, a realidade tal qual ela se apresenta. São momentos em que a gente se dá conta de quanto tudo que parece *ser*, na verdade, é *um sendo*, uma descrição ou uma narrativa estabilizada, cristalizada, que o ato desestabiliza abrindo de novo a possibilidade de novas configurações.

Ato é um termo bastante importante. Não só o ato analítico, mas o ato na vida subjetiva. Eu li recentemente uma referência a um artigo, que eu tinha lido há décadas, do Octavio Paz falando do Marcel Duchamp. Por isso me lembrei dessa oposição entre gesto e gesticulação. No artigo, Octavio Paz diz que Duchamp foi capaz de fazer gestos com essas características, enquanto boa parte dos artistas da época se perdia em gesticulações. Os artistas *up-to-date* se perdiam tentando de alguma maneira decifrar o que se esperava deles, mesmo em termos de novidade, de surpresa. E ofereciam as novidades e surpresas que se esperava que fossem oferecidas, enquanto Duchamp conseguia furar isso. Eu gostei de lembrar dessa distinção, que é interessante. A maioria de nós gesticula o tempo todo, raramente faz um gesto de verdade, que tenha valor de ato.

CW: O dispositivo da cura analítica, desde Freud, é a palavra, não é uma cura de gestos. E há uma regra que não permite ao psicanalista e ao analisando se tocarem mutuamente. Quando se tocam, é só através da palavra. Eu queria saber como você se relaciona com essa regra quase fundamental do dispositivo psicanalítico.

BB: Lembrando um pouco a minha premissa pluralista, pragmático-wittgensteiniana, entendo essa regra como uma regra que organiza um certo dispositivo, que é muito interessante para um número grande de situações e que não é interessante para outro número grande de situações. Não acho que esse dispositivo seja bom para todo mundo, não é. Inclusive, ele possibilita cristalizações que outras formas de intervenção terapêutica, que abordem o corpo diretamente, são capazes de fazer mudar. Por conta disso, várias vezes já sugeri a clientes meus que procurassem formas de trabalhar diretamente com o corpo, sem nenhum problema.

CW: Para que tipo de estrutura psíquica você fez essa proposta?

BB: Olha, se a gente fosse fazer um espectro, quanto mais neurótico —

para usar o termo técnico —, quanto mais voltado para uma espontânea elaboração de sentidos, de associações, quanto mais a metaforização por meio da linguagem for o caminho espontâneo, menos isso se torna importante. Quanto mais dificuldades de simbolização, de construção narrativa, de associações, de interpelações e de capacidade de se surpreender consigo próprio e com a palavra, mais facilmente se torna possível ver uma situação em que essa proposição faça sentido. Pacientes que hoje são chamados de *borderline*, inclassificáveis, em estados limite, são candidatos. Boa parte do tratamento que hoje se oferece aos pacientes psicóticos graves inclui alguma maneira de lidar com o corpo. Isso porque essas práticas têm o efeito de contribuir, colaborar na própria estruturação psíquica, numa espécie de estabilização da imagem corporal, do sentido de eu, da construção de modos de reação ao outro num certo contexto. Há trabalhos muito interessantes. Vocês conhecem o trabalho do Lula Wanderley?

CW: O Lula trabalha a partir do trabalho da Lygia Clark, não é?

BB: Ele trabalhou com a Lygia pessoalmente.

CW: Ah, sim, durante o tempo dos objetos relacionais.

BB: Exatamente, aquela fase em que ela fazia terapias e tal. Ele acompanhou esse trabalho, trabalhou muito diretamente com ela. Dentro do hospital psiquiátrico, ele, há décadas, trabalha com pacientes psicóticos graves, bem graves. Há muitos anos ele criou um dispositivo chamado Espaço Aberto ao Tempo (EAT), no qual passou a utilizar objetos, bastante inspirado no trabalho da Lygia, como campo de experimentação, de afeto, de sensorialidade. Evidentemente, quanto mais se produz essa exploração e reorganização sensorial, mais facilmente se produz a capacidade de comentar, falar, amplia-se também a capacidade narrativa, discursiva, de construção de uma narrativa de si, do eu, do sofrimento. O trabalho que ele faz é muito importante, muito interessante. Tem uma visibilidade muito menor do que merece.

Eu queria aproveitar para falar de outra coisa que não tem a ver diretamente com a clínica, mas com a qual estamos trabalhando na universidade, e que eu acho que tem a ver com essa questão mais geral do gesto. Eu trabalho no Instituto de Medicina Social, na UERJ, num grupo onde estão Jurandir Freire Costa, Francisco Ortega, Rafaela Zorzanelli, Rossano Cabral, pós-graduandos e colegas externos, já há algum tempo. O IMS é um lugar onde se lida menos com especificidades disciplinares do que com problemas que atravessam disciplinas. Uma das temáticas, já bastante antiga, é a discussão sobre os movimentos de mudança na cultura ocidental, na qual, entre outros fenômenos, o corpo passou a ser uma espécie de pivô em torno do qual giram muitas questões: a visibilidade, o incentivo à performance, a ideia cada vez mais poderosa de regulação biotecnológica do corpo e de suas propriedades físicas e mentais. Essas e outras temáticas são importantes porque vão mudando a base sobre a qual se constitui a própria vida subjetiva. A importância do corpo na constituição do sujeito, na maneira como ele se pensa, na maneira como ele interpreta e descreve os próprios estados afetivos, emocionais, psicológicos, é cada vez mais influenciada por um vocabulário corporal. Hoje, os vocabulários médico e neurobiológico, sobretudo, são utilizados para descrição de estados como tristeza, que são entendidos como depressão, como estados de desregulação química. O impacto da neurocultura, da ênfase na cerebralidade (*brainhood*), vai moldando maneiras diferentes de alocação do corpo nas equações de construção subjetiva. Dentro desse campo geral existe um capítulo, que a gente vem estudando recentemente, muito interessante e de importância crescente, que é o campo do que em inglês se chama *disabilities*. Essa expressão foi traduzida em português, talvez numa tradução não muito boa, como "campo das deficiências". Não é uma tradução muito boa porque em inglês o termo *disabilities* foi utilizado de propósito, para marcar uma posição. Qual? A de que as limitações, lesões e características inatas diferentes da "normalidade" entendida como a tipicidade da maioria não são em si o principal problema de quem as porta. O problema de fundo está no fato de que a sociedade na maior parte das vezes não está adaptada nem fisicamente (como no caso de rampas para cadeirantes) nem culturalmente (na dificuldade de aceitação de novos padrões de funcionalidade, de beleza) para atender a essas especificidades. A *disability* é entendida como algo relacional, alguma coisa que traz sofrimento, problema, constrangimento, muito mais porque o ambiente não acolhe aquela diferença do que pela própria diferença em si — embora esta muito frequentemente precise ser cuidada; mas todos nós, indistintamente, precisamos ser cuidados em diferentes momentos, e por diferentes razões, ao longo da vida. Esse ponto de partida vem juntando grupos de pessoas com características, algumas tradicionalmente consideradas patológicas, como a surdez, o autismo, e outras consideradas tragédias produtoras de piedade, a agenesia de membros por efeito da talidomida, a quadriplegia, as síndromes congênitas que produzem efeitos mentais, cognitivos e físicos, paralisias cerebrais circunstanciais etc. Toda essa área vem se organizando no sentido de pôr em xeque os critérios que delimitam o campo da normalidade, a fronteira entre normalidade e doença e a fronteira entre a patologia e a diferença. Nesse campo de estudos é possível encontrar inúmeros exemplos de gestos inauguradores de maneiras muito diferentes de apropriação das próprias características pessoais, não mais como negativas, mas como positivas. Essa positividade é afirmada dentro do leque expandido de formas de vida humana aceitáveis e que não precisam, e não devem, ser olhadas como características negativas. Essas ideias vão, de fato, mudar muito a nossa concepção geral do que seja o normal, do que seja uma vida aceitável, do que seja o espectro de variação da experiência humana. O campo é extremamente complexo, há

questões cheias de controvérsia, mas já que vocês estão explorando espaços onde os gestos aparecem inaugurando formas de visão, olhares e ações coletivas diferentes, acho que valeria a pena explorá-lo. Digo por mim. Eu passei a olhar muita coisa de forma diferente, me surpreendendo com o modo pelo qual estava habituado a ver as coisas. E me tornei menos ingênuo, digamos assim. Menos ingênuo no sentido de que me dei conta de quanto o meu olhar sobre as diferenças me fazia achar uma quantidade imensa de pessoas incapazes de gestos, daqueles mesmos gestos que estou acostumado a dizer que todo mundo é capaz... Eu me dei conta de uma distância enorme entre o meu discurso sobre o gesto espontâneo e a minha limitação em ver quem era capaz de fazer esses gestos. Esse pessoal todo e as pessoas que escrevem sobre isso me ensinaram que havia uma diferença entre a minha intenção de adotar aquele conceito de gesto e a gesticulação que na verdade eu fazia, para lembrar das palavras de Octavio Paz. Recentemente vimos em nossas aulas um filme muito interessante chamado *NoBody's Perfect*.[2] O diretor é filho daquela geração da talidomida, ele tem braços muito curtos. O filme é o relato da construção de uma exposição de fotos de nus de pessoas que fizeram parte daquela geração, pessoas com agenesia de membros, de vários tipos. A ideia toda é não só refletir um pouco sobre o que é a experiência de ser alguém assim, mas sobretudo trazer para o público a ideia de que eles também são capazes de ter vidas intensamente vividas, plenas. Vidas boas de serem vividas. Esse é um tipo de gesto incrível. Ver pessoas cujo corpo, que para muitos é só deformação, dispostas a tirar fotos nuas e deixá-las nas praças alemãs. O filme mostra o depoimento de um passante que acha horrível, insuportável, de mau gosto, uma coisa absurda, agressiva, mas mostra também as pessoas que se surpreendem positivamente, e admiram a coragem, o despojamento, a generosidade do gesto dos envolvidos. Ninguém ali jamais tinha pensado em fazer isso antes. O diretor toma a iniciativa e convence a todos. É um filme muito interessante. Esse tipo de gesto é o que torna o mundo mais rico, e o torna, pelo menos para mim, um pouco menos estúpido.

2. *NoBody's Perfect*, documentário de 2008, produzido e dirigido por Niko von Glasow.

DANI LIMA: Você citou o texto do Octavio Paz, que fala da distinção entre o gesto do Duchamp e dos outros artistas da mesma geração, a distinção entre o gesto e a gesticulação. Por outro lado você falou também, dentro da teoria winnicottiana, da ideia de gestos espontâneos, pequenos gestos banais do cotidiano, nos quais a gente deveria investir, no sentido de ter uma vida cotidiana mais criativa, boa de ser vivida. Fiquei pensando se uma coisa está em oposição à outra. Por exemplo, esses gestos que a gente usa para se comunicar, milhares de gestos que a gente faz durante um dia inteiro e que passam despercebidos, eles estão nessa categoria de gestos espontâneos, os quais a gente pode tentar transformar no dia a dia para abrir novas percepções, ou eles são simplesmente gestos automáticos, sem valor?

BB: Não, gestos automáticos, sem valor subjetivo, acho que só aqueles provocados por descargas motoras, como na síndrome de Tourette. Nessa síndrome a pessoa tem um espasmo que não tem significação, não expressa nada do sujeito. No mais, os gestos, as posturas corporais, tudo aquilo que você traz quase de forma automática, irrefletida e impensada é muito significativo porque expressa a sua trajetória pessoal no mundo. Os gestos automáticos do operário de Chaplin no filme *Tempos modernos* são carregados de significação. É possível dizer muito de uma pessoa observando na rua como ela anda, como ela se dirige ao outro, a maneira como se senta. Os gestos cotidianos dizem muito de alguém, da classe a que ela pertence, da cultura que ela faz parte. Dificilmente você vai ver um inglês gesticulando feito um italiano. Isso é uma marca da cultura, e é inscrita no indivíduo, é parte do que a pessoa é. Cada um de nós tem seus gestos e atitudes corporais, que falam sobre a maneira como cada corpo habita o mundo, que dizem respeito à singularidade de cada um, única e irrepetível, e tem aqueles gestos que são emblemas identitários, que fazem com que eu me sinta, e com que o outro me veja, como parte de um grupo. Nos Estados Unidos, em certos ambientes, você é capaz de saber imediatamente se o sujeito é negro ou branco olhando apenas pela projeção de sua sombra ao andar. Se a gente colocasse a tonalidade, a intensidade da voz como expressão de um gesto pessoal seria a mesma coisa. Há maneiras de usar a voz que são típicas de certas pessoas. Ao ouvi-las, você intui um pouco da sua personalidade, do seu modo de estar diante de outro. Basta ouvir 30 segundos e você já imagina um pouco como ela é. Certos grupos, também, não só pelo sotaque, mas pela maneira como usam o timbre, a intensidade. Se a gente tomar o gesto como fórmula geral da maneira como eu crio quem sou e o mundo que habito, qualquer dessas coisas que se tornam típicas de mim me expressam bastante.

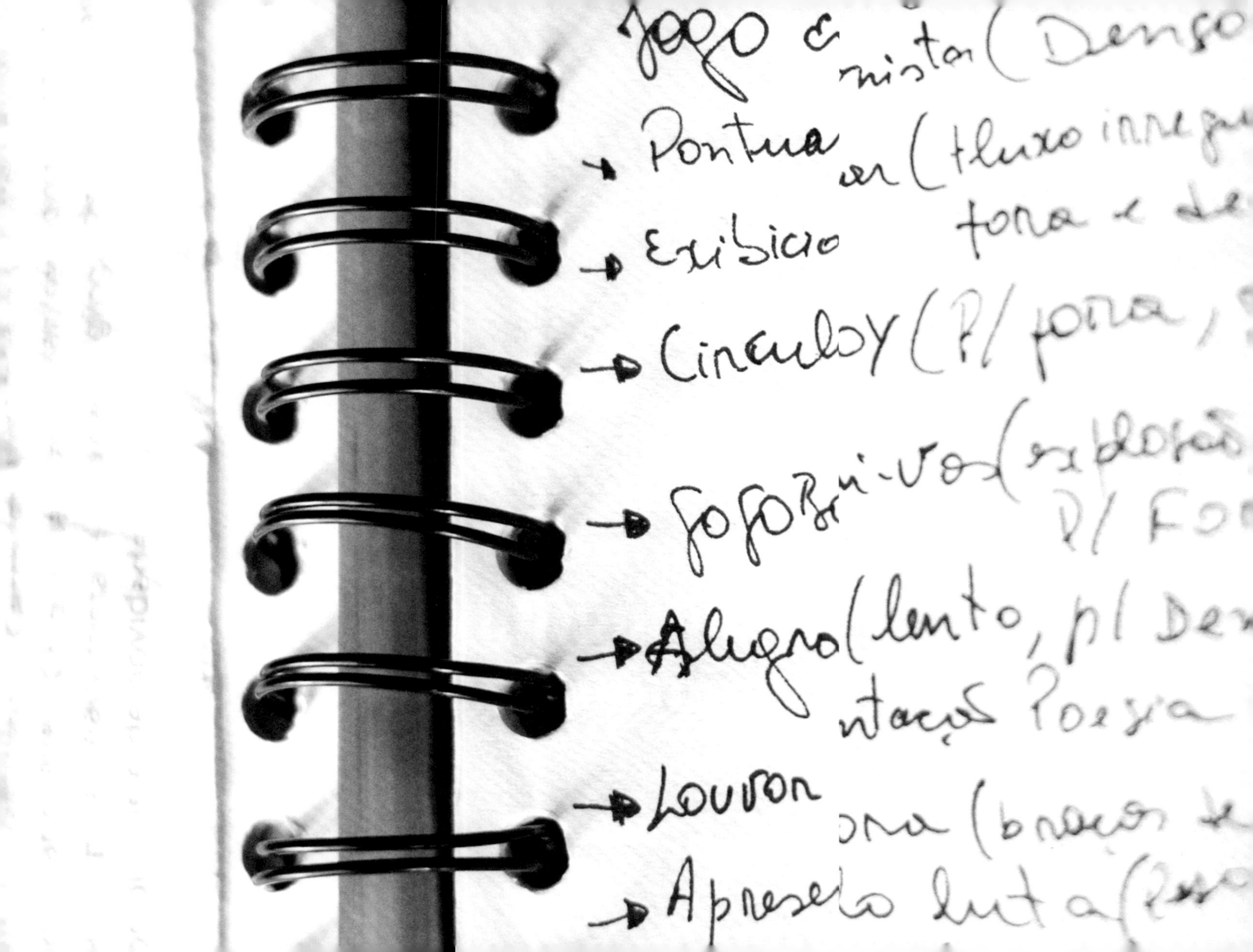
Jogo é misto (Denso
Pontuação (fluxo irregu
Exibição fora e de
Cineboy (P/ fora,
Fogos de artifício (explosões
P/ Fo
Alegro (lento, p/ De
ntação Poesia
Lourona (braços
Apresento luta (P

entrevista com **SILVIA SOTER**

Silvia Soter é professora da Faculdade de Educação da UFRJ, crítica e pesquisadora de dança.

CHRISTOPHE WAVELET: Quando foi que o gesto se tornou uma questão na sua vida?

SILVIA SOTER: Eu fui uma criança muito tímida, mas que dançava. A dança era uma área de exceção na minha vida. Era algo que me dava um enorme prazer, que eu fazia bem. De alguma forma, a Silvia que dançava era meio separada daquela "Silvia cotidiana", bem medrosa, muito tímida, com outras dificuldades. Foi este lugar que, cedo, a dança ocupou na minha vida. Eu dancei criança, quase como recreação, e depois um pouco mais seriamente, com 13 anos. Curiosamente, quando cheguei à escola de balé, quase iniciante aos 13 anos, as outras alunas da minha idade estavam lá desde os 3, já tinham dez anos de dança, e eu tinha uma diferença técnica muito grande a recuperar. Conto isso porque acho que é parte também da razão pela qual, aos 17 anos, eu tive uma lesão, um arrancamento de tendão isquiotibial. Esta lesão foi feita por um gesto de correção de uma professora. Eu estava fazendo um arabesque *penché*, que é um arabesque com inclinação anterior, a partir do quadril da perna de base; ela achou que a amplitude estava insuficiente, tracionou a perna de cima e o tendão pipocou na de baixo. Naquela época eu tinha vontade de me superar e era muito flexível.

Foi banal assim. Essa lesão foi um divisor de águas na minha vida. Assim a vejo hoje. Aos 17 anos eu tinha o sonho de dançar profissionalmente. Um sonho que era ao mesmo tempo um pesadelo, era um sonho-pesadelo. Como todo sonho, era virtual, já o pesadelo era real. Naquele momento eu tive que rever meus projetos, pois não era possível continuar naquele ritmo, daquele modo, e ao mesmo tempo, a solução, que seria parar de dançar completamente, também não me interessava. Foi então que, aos 19 anos, comecei a trabalhar com uma pessoa que dava aulas de movimento, muito bonitas, aulas de outra qualidade, que respeitavam os limites, que enfatizavam a possibilidade de cada um para cada gesto, diferente de tudo o que eu havia experimentado até então.

Assim, quando comecei a me trabalhar e a conhecer outras práticas corporais, imediatamente migrei. Saí dessa ideia de dança e fui buscar outras paisagens. Tornei-me assistente dessa professora de que falei e comecei a trabalhar com a questão do movimento, do gesto. Por que eu falo de gesto? Porque o movimento, de alguma forma, sempre esteve na minha vida, mas a ideia do gesto como alguma coisa que é preciso modular, o gesto relacionado a certa intenção, é nesse momento que aparece. Surge a partir de uma lesão, do gesto que se impediu, do gesto que não se podia fazer, e da minha necessidade de desviar e achar outro caminho. Foi assim que, em 1984, eu comecei a trabalhar nessa área que hoje se nomeia educação somática, na época chamada de consciência corporal.

CW: Você acha que foi em 1984, quando encontrou essa técnica, esses discursos, que você prestou atenção à questão teórica do gesto?

SS: Naquele momento não prestava atenção à questão teórica. Primeiro veio a experiência física, um impacto somático, antes de ser uma análise mais intelectual. A discussão mais teórica sobre o gesto aparece no meu encontro com o Teatro Antropológico, a partir do trabalho de Eugenio Barba. Por exemplo, quando ele trata do equilíbrio particular ao gesto expressivo, no estudo da pré-expressividade. Para mim, o segundo marco importante é 1990, ano em que fui para a França por seis meses e encontrei Nathalie Schulmann. Em 1989, na França, quando se instituiu o Diplôme d'État para professor de dança, Nathalie era formadora na preparação para esse diploma e, ao mesmo tempo, estava sendo formada em Análise Funcional do Corpo no Movimento Dançado. Por intermédio de Nathalie, entrei em contato com as ideias de Odile Rouquet e de Hubert Godard, que foram centrais para mim. Esse encontro foi tão importante que, ao voltar para o Rio, resolvi estudar fisioterapia — eu sou designer de formação. Na minha graduação em artes/design, a questão do gesto não aparecia tanto, mas a questão do corpo, sim, porém com menos destaque para a questão do gesto. Em 1990, comecei a ter desejo de conhecer mais o corpo, do ponto de vista biomecânico, fisiológico. De volta ao Brasil, fiquei dois anos num curso de fisioterapia onde estudei anatomia, cinesiologia, fisiologia, neuroanatomia, patologia etc. Esses dois anos foram absolutamente fundamentais. De volta à França, em 1994, entrei para o curso de dança da Universidade Paris 8. Outro momento central: meu encontro com Hubert Godard.

CW: Você não o havia encontrado em 1989?

SS: Não, conheci o trabalho de Hubert por intermédio de Nathalie Schulmann. Ela brinca que eu fui a sua "aluna-diploma", porque em seis meses de trabalho com ela, mudei meu corpo completamente. Ainda não tinha encontrado uma prática que me desse a compreensão de uma nova integração.

Em 1984, eu já tinha melhorado muito, mas ainda havia alguma coisa a se fazer, e foi o trabalho com a Nathalie que me ajudou. Foi impressionante. Ela disse que nunca tinha visto alguém mudar com tanta velocidade. Era o encontro certo no momento certo. Eu estava preparada para fazer essa mudança, pronta para entender que o meu gesto ia além do meu corpo, que existe uma ideia de projeção, de apoio, que o gesto está em relação a algo. Não termina necessariamente nas extremidades concretas. Primeiro entendi isso fisicamente.

DANI LIMA: Você disse que tinha chegado à questão do corpo, mas não à questão do gesto, você diferençou os dois...

SS: Exatamente. Gesto e corpo estão ligados, mas não são a mesma coisa. Posso fazer um gesto que termine nas extremidades dos meus dedos ou imaginá-lo e realizá-lo com uma projeção, uma direção, uma espacialidade que eu não tinha ainda compreendido no movimento e cuja compreensão, de alguma forma, ajudou a me "economizar" fisicamente. Entender o movimento dançado e transformá-lo em gesto, dividi-lo com o espaço. Não deve ser por acaso que o método com o qual trabalho hoje, que conheci mais profundamente também a partir de 1994, usa muitos objetos, e de algum modo incorpora essa ideia da relação com o espaço através dos objetos como parte do imaginário. Pude compreender que havia uma projeção do gesto, que eu podia me apoiar no espaço, que meu corpo fazia parte disso.

CW: Então, em 1994, você encontra Hubert e começa a ter uma familiaridade com as práticas dele e também com suas teorias?

SS: Sobretudo com as teorias. Hubert é interessantíssimo, é um mágico do toque, mas eu já tinha uma prática muito rica com a Nathalie. Para mim, o incrível de Hubert Godard era o modo como ele articulava essas ideias. Muitas das informações que ele trazia eu já tinha, mas me faltava, naquele momento, um caminho de síntese, uma possibilidade de entender e identificar algumas intuições, algumas hipóteses minhas. Por exemplo, uma das coisas que eu achava estranhíssima era a situação da fisioterapia do Rio de Janeiro. Naquele momento — acredito que hoje isso já tenha mudado um pouco —, os fisioterapeutas agregavam à sua bagagem formações em várias técnicas corporais. Então você era *mezierista* e *ehrenfriediano*. Eu pensava: "Não é possível." Porque cada método, cada prática dessas tem uma ideia de corpo por trás, e algumas dessas ideias são absolutamente incompatíveis com as outras, como as de Mézières e Ehrenfried. Se você se aprofundar de verdade, vai ver que as duas linhas têm pontos bem divergentes. Por exemplo, [Françoise] Mézières tem como ideal de beleza e de organização um modelo grego de corpo, ela fala da distância que deve haver entre os maléolos, de uma realidade absolutamente

biomecânica; já Lily Ehrenfried está dialogando com a psicanálise e vendo que o gesto possui um equivalente simbólico. Pronto, já acabou a possibilidade de juntá-las. Enquanto uma quadricula a parede e bota a pessoa contra essa referência geométrica para identificar a disfunção, a outra vai deixar a pessoa se reorganizar e assumir que vai ser o que puder ser. Então, como uma pessoa trabalhava a partir da mistura dessas visões? E eu via isso acontecer muito em dança também. Como aqui no Brasil a gente não tinha uma prática de se aprofundar numa linha, eu via as pessoas fazendo uma grande salada, como se cada exercício que elas trouxessem para a aula não tivesse por trás dele, carregado nele, toda uma visão e uma perspectiva do que é o corpo, como se organiza, e o que é o gesto. E sem colocar isso em questão. Acho que algumas famílias de práticas são mais compatíveis, outras não. Algumas são diametralmente opostas. Como um corpo passa e é atravessado por todas essas perspectivas? É sem custo isso? Onde e como ele as integra? Qual é a capacidade dele de integrar isso? Ou é na superfície, como uma roupa que ele veste e tira, mas que não o transforma, ou partimos para uma "esquizofrenia musculoesquelética" imensa. Minha chegada à Paris 8, em 1994, foi um momento de síntese para mim, de compreensão de caminhos, de dizer: "Ah, então faz sentido, faz sentido ir por aqui." Logo que cheguei à França procurei me formar em um método de educação somática. Eu queria escolher uma linha com a qual eu me identificasse. Namorei um pouco o trabalho de Feldenkrais, de Alexander, e escolhi o Método Ehrenfried, que era o que mais combinava comigo. E fiz algumas incursões no trabalho de Dominique Dupuy, que, para mim, foi muito importante também, porque eu trabalhava num método que tinha a questão do objeto muito forte e Dominique tinha toda uma questão da dança com o objeto.

CW: Fale sobre a sua escolha. Você tinha várias possibilidades, poderia escolher Feldenkrais, Alexander ou Ehrenfried. Por que você escolheu o Método Ehrenfried?

SS: Minha escolha foi meio prática e física, era o trabalho em que eu me sentia mais estruturada. Achava o trabalho de Feldenkrais genial, mas sempre saía das aulas com uma sensação de que alguma coisa conseguia escapar e me desviar. Achava o trabalho de grande criatividade, com uma grande possibilidade de abrir portas, mas ele me estruturava pouco. E o que eu achava interessante demais em Ehrenfried, como prática, é que eu me desorganizava da minha organização anterior e achava depois uma estrutura nova, um novo padrão, mais interessante. Depois, quando comecei a estudar melhor o método, entendi isso. Eu gosto da ideia de que o caminho é meu, da autonomia. Não posso esquecer que tive uma professora que me arrancou um tendão e que eu a autorizei, de algum modo. Gosto hoje da ideia de que ninguém encosta em mim, de que faço no meu ritmo, de que faço o que posso, e de que, como professora, não vou encostar em ninguém também, cada um vai fazer o que fizer, cada um é responsável pelo seu gesto, e isso para mim é fundamental. O crucial nesse método está na ideia da não correção imposta de fora, na prática do orientador/professor conduzir o trabalho sem modelo. As aulas são conduzidas oralmente. O movimento deve ser bem preciso, inclusive do ponto de vista mecânico. A dra. Ehrenfried era médica de formação, depois se tornou fisioterapeuta, então é um trabalho feito com muito respeito, nesse sentido. Ela atuou no início do século XX, em diálogo com o nascimento da psicanálise, e essa questão era fundamental para ela. Teve Otto Fenichel como interlocutor e a primeira esposa de [Wilhelm] Reich como aluna, por exemplo. Há um diálogo com a psicanálise que é importante para mim também. Sou filha de psicóloga, faço análise há muitos anos. Os princípios da autonomia, da não imposição, do não modelo, essa postura menos normativa do Método Ehrenfried[1] combina comigo e com o que acredito.

1. *Ginástica Holística – Método da dra. Ehrenfried©.*

CW: Você poderia sintetizar os princípios do Método Ehrenfried?

SS: Ele é um método desse campo disciplinar que hoje chamamos de Educação Somática. Se como campo constituído é recente, alguns métodos de educação somática existem há mais de cem anos. Este, o Método Ehrenfried, foi desenvolvido por Lily Ehrenfried, uma médica que nasceu em Berlim no final do século XIX e morreu em 1994, em Paris, com 98 anos. Ela era mulher, médica e judia, na Alemanha, no momento em que as ideias nazistas começavam a se espalhar. Dá para imaginar? E trabalhava num ambulatório ensinando mulheres a usar o diafragma como método contraceptivo, para o planejamento familiar. Rapidamente ela se tornou *persona non grata* na Alemanha. Imaginem: uma judia "impedindo" o nascimento de crianças arianas. A dra. Ehrenfried fugiu então para a França, em 1933. Eu conto isso porque me parece uma informação fundamental para se entender como esse trabalho aparece. Na juventude, ela tinha sido aluna de Elsa Gindler, uma pessoa importante no movimento de ginástica harmônica. Tinha feito pequenos cursos de formação com Elsa Gindler e era diplomada em medicina. Chegou à França com o pai e a mãe e foi acolhida por um fisioterapeuta muito importante em Paris na época, um russo chamado Boris Dolto, cuja mulher era, na época, uma jovem psicanalista chamada Françoise Dolto. Com o que a dra. Ehrenfried poderia trabalhar, uma vez que o diploma de medicina alemão não tinha validade na França naquele momento? Ela decidiu retomar o trabalho incrível que havia experimentado com Elsa Gindler, trabalho esse que ela desenvolveu ainda mais com os conhecimentos de medicina e transformou num método que tem também objetivos terapêuticos, mas não somente. Mais tarde, esse método foi nomeado "Método Ehrenfried". Ele se estrutura a partir de três eixos. O primeiro é a respiração/comportamento: a ideia é tentar, através do movimento, liberar a respiração, entendendo-a como algo que está

no limite do voluntário e do involuntário, a respiração é uma "escultora escondida", que possui impacto na regulação dos sistemas, auxiliando na homeostase. Agir sobre a respiração, neste método, não significa insistir em exercícios respiratórios propriamente ditos. O foco está em acompanhar e liberar os grupos musculares envolvidos, ainda que de forma acessória, na respiração, mas que, de alguma maneira, restringiriam uma respiração mais natural. O segundo eixo é o equilíbrio: buscar ajudar o corpo a encontrar equilíbrio em vários níveis, o equilíbrio das curvas da coluna vertebral, o da tonicidade, e também colocar o corpo em situações de equilíbrio instável para que ele ache o seu próprio equilíbrio. O terceiro eixo é a ação sobre a distonia. Buscar agir sobre o tônus muscular, agir na tonificação dos grupos musculares que estão mais fracos e no relaxamento ativo dos grupos que estão com maior tensão, para reencontrar o equilíbrio. Esses são os três eixos do trabalho. Já as aulas podem ser coletivas ou individuais. Há um profundo respeito pelo gesto do outro. Não existe um modelo a seguir, e as aulas são sempre conduzidas oralmente. O orientador/professor faz primeiro uma anamnese com o futuro aluno, tem uma conversa, e a partir desse primeiro encontro ele vai montar aulas com duração média de uma hora. Essa aula se estrutura em três momentos: relaxamento ativo, realinhamento e, ao final, a tonificação nesse novo padrão. Esses são princípios do método.

CW: Mostrando ou só falando?

SS: Só falando, convidando. É um trabalho que parte sempre da ideia do convite, um convite preciso, mas um convite, jamais um gesto imposto. Você propõe e o outro vai fazer sempre dentro da medida do possível. Não há turma de iniciantes, intermediários ou adiantados, todos trabalham juntos. Por exemplo, eu tenho uma aluna bailarina, que pode estar ao lado de uma senhora de 84 anos. Porque a ideia é a de que cada um vai fazer o seu gesto. Qualquer gesto é atualizado a cada dia, a cada momento do dia, não se busca um gesto imaginado ou um gesto projetado como gesto ideal, e sim o seu, daquele dia, naquela situação, naquele contexto. Isso vale tanto para uma bailarina virtuose como para alguém de 84 anos...

CW: E você usa metáforas ou não?

SS: Às vezes uso. Existem algumas metáforas que uso bastante, mas tentando tomar muito cuidado. Cada dia eu tenho mais consciência de que existe um fluxo empático no trabalho. Essa condução só é possível porque estou dentro e estou fora. Eu me dou conta de que, às vezes, falo de "dentro", falo "nós", "a gente", e às vezes falo "vocês". Essa é uma operação que eu identifico e é assim mesmo. Não consigo me colocar num lugar só, já tentei, mas é sempre artificial. Estou sempre entrando e saindo nessa condução, as metáforas entram a partir dessa possibilidade também. Por exemplo, uso uma metáfora com muita frequência. Falo assim: "No momento da expiração, apoiem os pés, contraiam o períneo, o transverso, pegando uma onda na expiração." Essa é uma metáfora que uso com frequência — mas com muito cuidado...

CW: Você falou de três parâmetros estruturais dessa técnica, dessa prática. Dois têm a ver, obviamente, com o gesto: respirar, equilibrar. Mas o terceiro não tem necessariamente a ver com o gesto.

SS: Tem, de alguma forma tem. Qual é a questão do tônus muscular? Como uma ação se dá? Vamos pensar numa ação de contração: eu tenho um grupo muscular que faz a ação e um grupo que deixa que a ação se faça, a relação de agonista/antagonista. No balé clássico, quando ensinamos um *grand battement*, em geral apontamos para a musculatura posterior da coxa, não é? Porque eu preciso de uma autorização dessa musculatura para poder ter força na frente. A gente sabe que quem faz a flexão do quadril está na frente, mas por que eu raramente falo desses músculos anteriores? Porque o *grand battement* não é um problema dos músculos que fazem e sim dos que deixam fazer. Por isso a ênfase na musculatura posterior é muito mais importante. Isso vale para vários gestos na vida, a nossa negociação é com o deixar fazer, com os que têm excesso de força. Então, no meu trabalho, tento agir sobre a distonia, sobre os desequilíbrios do tônus muscular, que também é do gesto, algo mais mecânico, talvez. É possível que o gesto-equilíbrio e o gesto-respiração sejam ideias que a gente domina de forma mais geral.

DL: Em relação ao gesto dançado, por exemplo, não é justamente o modo como se regula a tonicidade que vai criar as diferentes qualidades de movimento?

SS: Completamente, as modulações. É no tônus que se modula uma dança.

CW: Mas é por isso que fiquei pensando que não é verdadeiramente um gesto, é mais o que permite o gesto acontecer.

SS: A autorização.

CW: Isso.

SS: Pois é, pois é, pode ser. Pode ser que a questão do tônus esteja mais ligada a uma ideia de tela de fundo.

DL: Mas a respiração também, não?

SS: A respiração, muitas vezes, também. A própria ideia do equilíbrio

também. Tônus, respiração e equilíbrio. Os três. Na realidade eu acho que estão em relação à tela de fundo, pegando Hubert Godard, uma ideia de pré-movimento. É óbvio que estamos falando de uma autorização tônica, mas também estamos falando do tônus em geral, de como modulamos fisicamente o gesto que vamos fazer. Quando penso nisso, me vem uma imagem poderosa, uma dessas imagens que ficam do aprendizado, que é a de Mary Wigman dançando *A feiticeira*. Podemos ler essa dança a partir da discussão que Hubert trazia sobre o gesto ter que vencer um entorno opressivo, e o tônus que isso determina. A discussão sobre a relação entre gesto e espaço, o espaço fora. Em contraponto ao entorno ameaçador da dança de Wigman, na Alemanha nazista, Hubert lembrava da leveza da dança de Isadora Duncan e o entorno americano da época, pouco ameaçador. Vejo que isso está muito ligado à vida das pessoas. Conheço pessoas que são incapazes de modular seus gestos. Tenho 29 anos de prática, você pode imaginar a quantidade de alunos que eu já tive, a quantidade de pessoas que passaram por mim, suas histórias. Tem pessoas que têm uma incapacidade de modulação, também no tom da voz, no jeito de estar na vida. Alguns estão sempre aquém ou além dos gestos mais justos, mais adequados àquele contexto, mais econômicos. Como ajudá-los a encontrar essa medida? Proponho experiências aparentemente muito simples, como, por exemplo, colocar uma bola sob a mão de alguém e pedir para aquela pessoa experimentar a diferença entre soltar o peso da mão e do braço sobre a bola e pressionar a bola, apertá-la. Parece simplérrimo, mas não é nada simples, existe pessoas que têm absoluta incapacidade de modular um gesto como esse.

CW: E como a pessoa muda, dentro dessa prática, o entendimento do que é o padrão que a domina?

SS: Pois é, temos estratégias. Acho que existe uma questão do tom da minha voz. Tento também esclarecer isso, mostrar que a bola como suporte revela algo maior. "Como eu a pressiono?" Trabalho, às vezes, com diferentes materiais, uma bola de espuma densa e uma bola de ar, de encher, que quando é manipulada com força exagerada explode; como eu posso, por exemplo, me acomodar em vários balões de ar e sentir que há um relaxamento? Porque se eu me apoiar com muita intensidade, a bola vai estourar. Busco estratégias. E há pessoas que não vão aprender porque isso não é possível para elas naquele momento, isso não é uma questão muscular, mas uma questão do modo de estar na vida. Estamos falando do somático, evidentemente é preciso integrar a dimensão psíquica no somático. Quando pensamos em psicossomático, ainda estamos fazendo uma divisão. Hoje, tento não trabalhar mais com essa divisão entre psique e soma. Para algumas pessoas, em alguns momentos, há a impossibilidade de fazer um gesto mesmo. Uma vez eu ouvi uma entrevista na televisão, na França, de uma linguista falando da dificuldade que os franceses tinham de falar inglês. E ela falava sobre o som do *the*, que é um gesto de língua necessário e é um gesto na direção de outra cultura, a cultura do outro. Falava dessa relação, de como algumas pessoas de fato conseguiam falar outra língua sem trazê-la para a sua própria língua, e como boa parte dos franceses tinha essa incapacidade. E quando, Christophe, eu te ouço falando português quase sem sotaque, me dou conta de como isso é raro. Como eu me empresto à língua do outro? Como faço o gesto na direção do outro? Assim, um gesto de língua: captar e se autorizar.

DL: Agora você falou do gesto como língua ou da língua como um gesto. É uma metáfora?

SS: Também, mas eu estava falando do concreto, da língua formada por vários músculos também. O gesto é ir em direção, é realizado sempre em relação a algo. Penso numa possível distinção entre movimento e gesto. As estrelas, o sistema solar, os planetas se movimentam, uma máquina, um trem se movimenta. O gesto é humano, é um gesto em relação, é alguma coisa que sai de mim e que integra alguma dimensão simbólica e concreta. Penso em Mary Wigman, que entendeu o espaço como um *partner* privilegiado. A dança alemã, por exemplo, é uma dança do gesto até hoje. Se a gente pensar a dança de Pina Bausch, a questão do gesto é fundamental.

CW: Depois dessa escolha pelo Método Ehrenfried, de se relacionar com as pesquisas de Hubert Godard e do departamento da Paris 8, você voltou para o Brasil. Desde que voltou, como você se relacionou com os vários pensamentos sobre o que é um gesto, aqui no Brasil ou fora do país?

SS: Acho que eu descansei no sentido de parar de buscar muito, pude repousar. Repousar tem a ver com pousar, também. Voltando à questão da identidade profissional, apesar de ser uma pessoa que faz milhões de coisas, eu busco saber de onde faço essas coisas. Voltei da França satisfeita com a forma de compreender o gesto, o meu trabalho. Isso me deu repouso. Isso não quer dizer que eu tenha parado de estudar. A descoberta da obra de António Damásio, dos neurocientistas, foi especialmente importante para mim. Elas confirmam a hipótese de uma mente-sistema, uma mente que está ancorada em marcadores somáticos, elas confirmam que não existe essa oposição razão-emoção, mente-corpo. A meu ver confirmam muitas hipóteses dos métodos somáticos. Hoje sigo militando para não perder, no Método Ehrenfried, a complexidade do gesto, pois, no Brasil, muitas vezes ele tem sido usado como técnica fisioterápica, com fins apenas terapêuticos. Insisto que se trata de um método, método e técnica não são sempre sinônimos. Eu definiria a técnica como um conjunto de procedimentos para um fim específico e método como um caminho a ser trilhado. A diferença está na ênfase. Ou a ênfase está no

conjunto de procedimentos para um fim específico ou na ideia do *caminho*. Vejo isso também acontecendo com certos grupos da dança contemporânea que têm dificuldade de ter uma compreensão mais ampla e o entendem como técnica. Penso que a dança contemporânea se afina mais com uma ideia de método do que de técnica. O balé é mais técnico, temos um conjunto de movimentos, de procedimentos para um fim bem preciso. Como não existe uma finalidade única na dança contemporânea, cada projeto, cada criador, para cada criação, deve buscar seu próprio caminho. A questão toda é uma questão de caminhos. Se você transforma isso num modelo único, em um conjunto de passos, por exemplo, ou mesmo em um conjunto de procedimentos, ainda que baseados em práticas de improvisação e de composição, rapidamente esse conjunto é repertoriado como técnica. Penso que quando tudo isso é estruturado, pensado como técnica, o projeto, em parte, se perde. Acho que ajudaria aproximar a ideia de método, sabendo que, evidentemente, ao longo de cada caminho, você vai eleger técnicas, vai precisar de procedimentos em conjunto para determinados momentos dessa trajetória. Mas isso não é absoluto. Cada criação pode solicitar caminhos e, consequentemente, técnicas distintas.

DL: Eu proporia uma questão em relação a isso. É superinteressante o que você fala. Pensando em relação à modernidade, onde há uma ideia de linguagem muito calcada na criação de um estilo e de um vocabulário... estaríamos falando de técnica, de um conjunto de procedimentos que levam a um corpo específico.

SS: Sim. Que constroem cada identidade. Só que na dança contemporânea talvez não seja mais interessante pensar apenas assim.

Voltando a pensar os métodos, quando eu trabalho com o Método Ehrenfried, o que acho legal é que esse caminho ainda me interessa, me é suficiente. É importante lembrar que muitos dos métodos da educação somática são métodos empíricos, criados entre o fim do século XIX e o início do século XX. Hoje existe uma necessidade, um desejo de "cientificizar" tudo. Os métodos de educação somática também estão em busca de legitimidade, pois buscam espaço na área de saúde, na área médica, mas acho importante lembrar que, quando foram criados, essa não era uma questão fundamental. Penso que, politicamente, é importante lembrar isso. Muitas vezes, a medicalização desses métodos abafa a vitalidade, o vigor, a criatividade que precisam ser preservados. Não se trata de ter uma atitude obscurantista em relação a isso, mas de não necessariamente abafar toda a riqueza de possibilidades a partir desse manto, dessa coberta.

DL: Você acha que seria possível pensar numa historicidade do gesto, em categorias para sistematizar, selecionar, classificar os gestos?

SS: Olha, eu acho que sim. De alguma forma [Rudolf] Laban fez boa parte desse serviço, né? O sistema Laban tenta isso, com os recursos que lhe são próprios, mesmo deixando muitas coisas de fora, e ainda com uma visão muito espacial do gesto, me parece. O problema é que a questão de Laban, como muitas vezes ainda se apoia em deslocamento, impõe uma visibilidade do gesto. Hoje a gente tem uma dimensão na dança contemporânea, por exemplo, e nas artes visuais também, em que o gesto não se torna tão visível: a paragem, a *small dance* de Steve Paxton. Como você nomeia algo que ainda é quase uma intencionalidade? Eu acho que de um lado, sim, acho que o Sistema Laban faz isso, mas talvez seja insuficiente. Vilém Flusser também tem um trabalho muito interessante sobre o gesto, o gesto de escrever, de escrever a máquina, de escrever a mão. E quando eu tive acesso aos textos do Flusser foi interessante pensar assim. O que é curioso é que ele também está falando a partir de uma categoria própria, uma experiência do corpo. É essa distinção que é interessante fazer entre corpo e soma: soma é o radical grego que fala da experiência do corpo de dentro dele, então talvez a sistematização do gesto tenha que ser, antes de tudo, um discurso em primeira pessoa.

CW: Sim, [George] Didi-Huberman faz lembrar que soma, em grego, não é só o corpo, como a maior parte das traduções afirma, mas é sempre o corpo *en tant qu'il est affecté.*

SS: "Enquanto ele está sendo afetado." Soma se difere de *Korpse*, que é o corpo da anatomia. É a experiência do corpo visto dele mesmo, ele se percebendo, por isso é somático, por isso não dá para tirar a psique da história. Dentro dessa perspectiva, caberia psicocorporal mas não caberia psicossomático. Voltando a Didi-Huberman, sobre soma, que você estava falando...

CW: Sim, soma. Ele disse que a maior parte das traduções não é justa porque sempre se esquece uma parte do que está em jogo nessa categoria grega do soma, que não é só o corpo, mas o corpo...

SS: Se percebendo corpo.

CW: *En tant qu'il est affecté.*

SS: A experiência do corpo de dentro, em tempo real. Pensando nessas categorias do gesto, podemos falar do gesto de trabalho; por exemplo, Flusser vai falar do jardinar, dos gestos que são ações, verbos. Mas a gente tem pequenos gestos, pequenas categorias que, estas sim, precisam ser faladas na primeira pessoa, a partir dessa ideia do se perceber.

CW: Você diz se perceber em relação a alguém?

SS: Ou a algo, que pode ser um objeto, um contexto, até uma mudança da paisagem interna, mas é essa ideia do gesto.

DL: É, mas isso é curioso porque o gesto não pode ser reduzido à ação, não é só a funcionalidade que faz o gesto, há toda uma carga expressiva, que tem a ver com...

SS: Com o pré-movimento, essa ideia da pré-expressividade ou do pré-movimento, para o Hubert. Você pode correr e sentar e, se você parte de um lugar x, ou de um lugar y, o ato é totalmente diferente. Já que sempre existe um antes, existe uma ideia, uma intenção, um estado que modula. Eu acho que essa ideia do gesto é importante pelo seguinte: ela é uma ação modulada, a ação é modulada pelo gesto. E aí lembro de novo do gesto *manquant*, do gesto que falta, essa ideia que Hubert traz da *gestosfera* em relação à *kinesfera*. Para Laban, a *kinesfera* é a esfera pessoal de movimento. É delimitada espacialmente pelo alcance das extremidades do corpo. Hubert sugere que, na verdade, não é possível pensar que cada um de nós tem todas as possibilidades de movimento que a kinesfera indica. Isso é uma virtualidade, porque cada um de nós preenche aquele possível de um jeito que lhe é completamente singular. Daí a ideia de *gestosfera* que ele traz. Por exemplo, eu estava outro dia olhando a minha cama. Vejo o lugar onde eu durmo, e ela já está furando ali, ficando amassada naquele lugar. Eu tenho uma cama enorme só para mim, e por que eu só durmo naquele lugar? Porque essas são as minhas possibilidades, a cama seria a minha esfera, ou melhor, um plano, e aquele plano eu o uso do jeito que me é totalmente próprio. Não vou perder tempo para tentar entender por quê, nem mudar, porque essa é a minha assinatura, meu jeito, por que não? Não precisamos poder tudo, precisamos? Podemos poder menos.

DL: Ainda pensando um pouco em categoria, essa questão da história, da historicização...

SS: Quanto a historicizar, a gente acaba falando numa questão de temporalidade também, na questão do tempo.

Vamos pensar, por exemplo, na história do corpo do jogador de futebol no Brasil: pensa no corpo de um Garrincha ou de um Zico e pensa no corpo do Ronaldão, mesmo quando ele estava em forma. É outro corpo. Voltando a um exemplo de Hubert, tratando do balé, quando olhamos o corpo de um bailarino, numa foto do início do século XX, que se sabia que realizava *entrechat quatres* perfeitos e analisamos a forma das pernas desse bailarino, pode nos parecer impossível que ele o fizesse. O que temos que considerar é que o passo que hoje entendemos como um *entrechat quatre* também deve ser outro. O mundo muda, os corpos mudam. Os gestos mudam. Essa mesma ideia está no esporte, na visão de eficiência. Quando brinquei com essa história da cama é porque eu acho que a gente vive tempos de uma imensa eficiência. Por exemplo, eu acho curioso o jeito com que o Pilates é vendido, ou essa máquina que vibra: o *powerplate*. Se vende assim: é uma prática corporal que você faz por dez minutos e tem efeitos de quarenta minutos de atividade. Como tempo é dinheiro, você vende os trabalhos simplesmente confirmando o "ar dos tempos". Isso é histórico, está relacionado ao que é valorizado em determinadas épocas. O gesto não escapa disso. Fisicamente isso é muito impressionante, por exemplo, nessa juventude. Os jovens da idade da minha filha mais velha têm o abdômen mais solto. O que seria impensável ou indesejável na minha juventude. Muitas meninas, mesmo magras, têm a barriga para fora e usam a calça com cós lá embaixo. Isso é uma atitude. Existe uma relação fundamental entre o gesto e a postura, uma discussão em que é importante entrar. Gesto e postura se relacionam, e postura é atitude, o sinônimo de postura para nós é atitude, e não alguma coisa física apenas, não é um jeito de "se empilhar". Então, se a atitude muda historicamente, culturalmente o gesto vai mudar, da mesma forma que a atitude se transforma porque o gesto mudou: os gestos inconcebíveis, os gestos inimagináveis, os gestos proibidos e os desejáveis também, a cada época.

CW: Mas isso seria provavelmente um caminho para as próximas pesquisas, porque até hoje a gente não tem historiadores do gesto como existem historiadores da sensibilidade, por exemplo...

SS: Por isso, acho muito interessante a pesquisa que vocês estão fazendo, porque de quem é o gesto? Temos muitos lados para olhar essa questão. Ele é o gesto do fisioterapeuta, do médico? De quem é o gesto? É do artista?

Wonder Woman
John travolta
mão na cabeça
um pouco
suspirando
Com doce

entrevista com **ISABELLE LAUNAY**

Isabelle Launay é escritora e professora do Departamento de Dança da Universidade Paris 8. Foi professora do Centre National de Danse Contemporaine d'Angers sob a direção de Emmanuelle Huyn e colabora com diversos artistas no campo da dança contemporânea.

CHRISTOPHE WAVELET: Isabelle, como se desenvolveu a pesquisa em dança na Universidade Paris 8, e em particular a pesquisa sobre o movimento dançado?

ISABELLE LAUNAY: O departamento foi criado em 1989 por um filósofo, Michel Bernard, com o objetivo de desenvolver um espaço de pesquisa articulado com a criação em dança contemporânea. Naquela época, a questão que movia o grupo de pesquisadores e artistas que se uniram a ele, entre os quais Hubert Godard, Laurence Louppe, Susan Buirge, não dizia respeito ao *corpo* — conceito criticado por ele — nem ao *movimento*, mas ao que ele chamou de *corporeidade dançante*. Ele insistia, na época, na necessidade de que as categorias de análise em dança fossem retiradas da experiência do bailarino e não impostas de fora. Foi então que ele deu início a um programa de trabalho sobre fontes, materiais, mecanismos e processos de escrita coreográfica. O foco era dar seguimento ao trabalho de crítica do conceito de corpo e sobretudo pensar a natureza das operações polissensoriais que organizam a estética na dança; estética aqui entendida como fábrica do sensível. Os artigos de Michel Bernard sobre dança foram compilados em dois livros, *De la création chorégraphique*[1] e, o mais recente, *Généalogie du jugement artistique suivi de Considérations intempestives sur la dérive de quelques arts actuels,*[2] que aborda essencialmente o tema da dança contemporânea a partir do fim dos anos 1990. Essas pesquisas lidam muitas vezes com o tema da sensação e da percepção na forma específica como operam na dança. Assim sendo, ele definiu, dentro da corporeidade, tonalidades estéticas: uma musicalidade que ultrapassa a categoria comum de música, uma teatralidade, uma plasticidade que ultrapassam o teatro e as artes plásticas, e ainda uma dancidade, que ultrapassa a categoria dança. Para ele, a corporeidade dançante seria um lugar ideal para pensar o trabalho da percepção em arte, ou seja, um trabalho essencialmente nômade entre os diversos sentidos — todos ligados uns aos outros —, tanto do ponto de vista do artista quanto do espectador. Dessa forma, ele prolongava a ideia de *scanning inconscient*, de Anton Ehrenzweig — sempre citado em seus trabalhos —, sobre os diferentes modos de expressividade. Além disso,

1. Bernard, Michel. *De la création chorégraphique.* Paris: Centre National de la Danse, 2001.

2. Bernard, Michel. *Généalogie du jugement artistique suivi de Considérations intempestives sur la dérive de quelques arts actuels.* Paris: Édition Beauchesne, 2011.

ele insistia, sobretudo, na dinâmica de projeção e de ficção presentes em cada sensação, ou seja, no trabalho do imaginário em cada sensação. Esse momento filosófico, que aqui resumo de maneira um tanto grosseira, foi fundador. É um momento do qual somos ainda hoje herdeiros, mesmo que as pesquisas seguintes tenham tomado caminhos diversos. As pesquisas posteriores abordaram sobretudo a própria tecnicidade do gesto do bailarino e a análise sistêmica do gesto expressivo, e foram conduzidas por Hubert Godard e Christine Roquet. A questão aqui é tanto estética quanto essencialmente política. Hubert Godard foi um dos últimos profissionais que conseguiram fazer parte de um corpo docente universitário sem possuir o título de doutor, isso graças à sua experiência profissional e às suas pesquisas no campo clínico. Isso seria totalmente impossível numa universidade francesa nos dias de hoje. O desafio era, naquele momento, "dar uma língua à dança", nas próprias palavras de Hubert Godard, ou seja, desenvolver ferramentas, uma língua que pudesse nomear tipos de movimento e processos de trabalho. Um verdadeiro léxico foi sendo elaborado ao longo dos anos, bem como um sistema descritivo. E continua a ser elaborado em torno de uma única questão que pode ser colocada assim tão simplesmente: "O que é um gesto e como transformá-lo?"

CW: Tocamos no ponto central do nosso tema. No fundo, você está falando sobre a invenção de uma língua que torne possível dizer o gesto, dizer o que é o trabalho da dança a partir de categorias capazes de pensar o gesto dançado. Poderia falar sobre esse léxico, sobre a lógica à qual ele corresponde?

IL: É evidente que esse trabalho tirou proveito — e muitas vezes se inspirou livremente — de categorias advindas da filosofia, em especial a fenomenologia de Erwin Strauss e Merleau-Ponty; da psicanálise, sobretudo Winnicott e Klein; da psicologia, com Wallon, Ajuriaguerra; da neurociência, de Varela, Berthoz; da teoria dos sistemas, de Prigogine; da biomecânica. Essa conjunção criou um saber que é transmitido de uma outra forma, tanto em estética, no Departamento de Dança, quanto na formação para clínicos, para osteopatas e profissionais com formação em Rolfing etc. Daí nasceram artigos importantes,[3] mas que não dão conta por completo de todo o acervo teórico desse grande clínico. Sua prática de ensino permanece essencialmente oral porque para Hubert Godard o que importava antes de tudo era a eficácia direta, prática e clínica. Esse *know-how* se fundou também num saber prático, gerado pela corrente de práticas e estudos conhecidos como *somáticos*. Esse é um ponto muito importante, talvez mesmo o ponto fulcral dessa história: a contribuição de Laban, Alexander, Feldenkrais e, sobretudo, de Ida Rolf, fundadora do ROLFING.

CW: Os estudos somáticos são um terreno muito pouco conhecido fora da esfera da dança. Até mesmo entre bailarinos, coreógrafos e professores de

3. *Conferir artigos de Hubert Godard, disponíveis no site paris8danse.*

dança, no fundo, são poucos aqueles que possuem algum conhecimento sobre o tema. O que você incluiria nesse termo genérico de estudos somáticos?

IL: Essa questão deveria ser proposta para aqueles que trabalham com isso. Eu poderia aqui apenas fornecer respostas muito incompletas. Mas posso retomar a forma como eles são apresentados por uma colega de universidade, Isabelle Ginot, que busca fazer a epistemologia dos estudos somáticos: como um conjunto de práticas gestuais e perceptivas, ditas *práticas somáticas*. Tais práticas são comumente conhecidas como suaves ou alternativas. O que esses métodos — Alexander, Feldenkrais, Eutonia, ROLFING, relaxamento, Ginástica Holística, Body-Mind Centering, entre outros — possuem em comum é a séria consideração da questão do estado do corpo — apesar de este termo não fazer parte do vocabulário de tais práticas. Essas práticas se desenvolveram a partir do fim do século XIX, de forma paralela e marginal à ciência experimental e às mutações que ela gerou nas representações do corpo. Foi Thomas Hanna, clínico somático e filósofo, que, nos anos 1970, propôs reuni-las sob esse termo genérico, para frisar seus princípios comuns: uma concepção holística do sujeito em que corpo, pensamento, afetos e emoções são indissociáveis; um *instrumentarium* científico de técnicas manuais e táteis; e um lugar central atribuído à experiência subjetiva. Essas práticas foram marginalizadas pelos saberes dominantes sobre o corpo, mas foram se insinuando nos mesmos espaços sociais: medicina e paramedicina, educação, esporte, arte, lazer e bem-estar. Elas também se inspiraram em saberes múltiplos, que vão desde a anatomia, biomecânica, biologia, neurociência, até a filosofia, psicologia, teorias da evolução e também, de uma forma ou de outra, nas culturas orientais. A história dessas práticas gestuais ainda está em aberto, apesar de a história do corpo ter sido tratada em livros importantes. Você me pediu que definisse um campo disciplinar que ainda não possui de fato um espaço reconhecido academicamente. Esse campo foi colocado à margem, desvalorizado, até mesmo censurado pelas instituições acadêmicas e universitárias. Hoje, as questões levantadas por esse campo ressurgem com força total. É impressionante ver como as ciências exatas, como a neurofisiologia, se interessam pelas práticas de meditação, como esses mesmos cientistas e médicos escolhem para o tratamento de seus filhos técnicas alternativas, ou medicinas alternativas etc. Mas eu talvez não tenha respondido a sua pergunta.

CW: Na verdade, a pergunta era dupla. Com relação à questão do léxico: o trabalho que Hubert Godard inaugurou com outros pesquisadores da Universidade Paris 8 possibilitou a constituição progressiva de um léxico que permitiu nomear o gesto dançante e suas propriedades. Você poderia evocar algumas dessas categorias, aquelas com as quais você trabalhou?

IL: De antemão, tenho vontade de tecer um comentário sobre o termo

léxico. Christine Roquet, uma colega pesquisadora de Paris 8, colaboradora de Hubert Godard, cuja área de pesquisa é justamente essa, teve a ideia, num dado momento, de imaginar uma espécie de manual de análise do movimento para tentar estabelecer e consolidar um pouco essas categorias. Mas, ao mesmo tempo, ela pensou num antimanual. Isso é algo intrínseco à questão do gesto, pois uma das lições que se pode tirar é que um gesto só tem sentido em função do contexto. Se tivesse que resumir: é o contexto que fornece sentido ao gesto e esse contexto está tanto em nós quanto fora de nós, o gesto é o fruto de uma relação sempre em transformação entre um sujeito e seu ambiente.

DANI LIMA: Quando se fala de o gesto ser a materialização de um contexto, me vem logo à mente a questão do vocabulário de movimento. Como se poderia pensar as diferenças entre gesto e vocabulário de movimento? Em geral, reduzimos o pensamento do gesto dançado à questão de um vocabulário coreográfico, mas o que você mencionou vai muito além.

IL: O que você quer dizer, na verdade, é que é importante distinguir as duas coisas. E eu retomo aqui a distinção estabelecida por Hubert Godard e Christine Roquet[4] entre o movimento/o signo e o gesto: é importante, de fato, distinguir o que está relacionado a um movimento que produz um signo corporal legível, ao qual podemos facilmente dar um nome e que pode ter diferentes significações, que diz respeito a usos habituais, a uma retórica codificada — sinal de medo, de raiva, de prazer, de ameaça etc. —, ou ainda a uma escritura coreográfica — figuras coreográficas e vocabulário de passos de dança —, do que está relacionado a algo que se encontra abaixo do signo, ou seja, a expressividade que está ligada a uma atitude, a uma postura, a uma emoção. Essa é a dimensão expressiva e dinâmica do gesto, que é sempre singular, própria a cada sujeito, tanto ao sujeito que age quanto àquele que percebe, e ela é, em parte, inconsciente. Eles insistem no fato de que se trata sempre de um acontecimento que coloca em jogo a função imaginária e que depende de uma relação com o mundo e com os outros. Isso não tem muito a ver com a ideia de vocabulário. A noção de gesto por oposição à noção de corpo em movimento inclui, portanto, a ideia de que o gesto é, antes de tudo, algo que deve ser pensado como uma totalidade impossível de decompor, que está sempre ligado a um ambiente, que é inextricavelmente preso à percepção de um sujeito.

Nessa dinâmica interna existe uma forma de sentir. Uma das coisas que aprendi nessa pesquisa é que um gesto é um sistema, e tal sistema se organiza em torno de um modo de sentir e de perceber particulares. Existem, portanto, um saber sentir, um saber perceber. Um espectador ativo quando olha alguém se movimentar vê, de fato, uma figura, mas o que ele percebe é primeiramente uma forma de ser, ou, mais precisamente, uma forma de organizar seu

4. *Pode-se ler a respeito nos artigos de Hubert Godard e Christine Roquet no site paris8danse.*

maquinário sensorial, uma forma de olhar, de se endereçar, uma forma de tocar, uma forma de ocupar o espaço, de estar no espaço, de se colocar. Uma forma de respirar etc.

DL: Você poderia falar mais sobre o que entende por figura ou retórica do gesto?

IL: A retórica do gesto vem de uma longa tradição de análise. Um livro que me marcou muito, desde o momento em que foi lançado, no início dos anos 1990, foi *La raison des gestes*, de Jean-Claude Schmitt.[5] Nesse livro o autor faz uma antropologia da Idade Média e analisa como era discutida a noção de gesto, desde a Antiguidade tardia até os séculos XIII e XIV. Ele apresenta, portanto, a história dessa noção e dos debates em torno de sua legislação. A retórica do gesto vem de toda uma tradição do gesto, ao mesmo tempo como signo e como símbolo, como potência ativa. Existem códigos que vão organizar esse gesto em função de uma dimensão cultural — já que ele trabalha com a liturgia. Nesse contexto, o gesto é mais do que um signo, ele encarna uma lei que se encena. Na sociedade medieval, um gesto faz a lei. E ele tem um poder de encenação, um poder mágico. É importante que o orador e o representante da igreja possam se distinguir do histrião.

5. Schmitt, Jean-Claude. *La raison des gestes: dans l'Occident medieval.* Paris: Éditions Gallimard, 1990.

CW: Esse livro foi importante porque produziu uma parte dessa arqueologia do pensamento dos gestos que ainda nos faltava, pois no que diz respeito à dança começamos sempre a pensar a partir do Renascimento. Ele trabalhou com épocas anteriores, que eram para mim territórios inteiramente virgens.

IL: Foi extremamente produtivo e ao mesmo tempo, em parte, insatisfatório, pois os gestos analisados por Schmitt estão todos de certa maneira catalogados, nomeados. São os gestos que entram no discurso dos teólogos. Eles constituem figuras, mas as formas de sentir próprias à sociedade medieval são pouco abordadas. Algo fantástico no trabalho sobre os gestos é a sua natureza imediatamente pluridisciplinar, que convoca o conjunto das práticas sociais. E é por isso que é fascinante trabalhar com esse tema. A conferência de Mauss, *As técnicas do corpo*, de 1934, permanece a meu ver, independentemente do que se possa dizer sobre outros aspectos do texto, um programa de trabalho para pelo menos dois séculos, um texto totêmico para todos os pesquisadores. Ele faz um apelo à necessidade do que ele chama de *Divèrs*, aquilo que é difícil de classificar porque pode pertencer a diferentes disciplinas, esse lugar onde, e cito aqui de memória, "os sábios se comem entre eles", onde tudo é convocado: o religioso, o social, a sexualidade, o psíquico, o biológico. É um texto que vem convocar o estudo do gesto como interdisciplinar. Ora, no campo da dança, de maneira geral, a categoria que continua a ser mais utilizada não é a do gesto, mas a do corpo. Por exemplo, recentemente na França

saíram várias publicações sobre o tema, como *L'Histoire du corps,*[6] de Alain Corbin, Courtine e Vigarello. Uma história do gesto ainda não existe verdadeiramente, mesmo que possamos encontrar alguns elementos dessa história, como na obra do crítico e historiador de arte e literatura Jean Starobinski, num belíssimo livro chamado *Largesse,*[7] sobre o gesto de abrir os braços para significar generosidade, *faire largesse*, como se dizia, ou ainda em alguns textos de Georges Didi-Huberman, em especial em seu texto sobre o bailarino de flamenco Israel Galvan, *Le danseur des solitudes.*[8]

6. Corbin, Alain; Courtine, Jean-Jacques; Vigarello, Georges. *L'Histoire du corps.* França: Éditions du Seuil, 2006.

7. Starobinski, Jean. *Largesse.* Chicago: University of Chicago Press, 1997.

8. Didi-Huberman, Georges. *Le danseur des solitudes.* Paris: Les Éditions de Minuit, 2006.

CW: Você disse que Michel Bernard havia decidido trabalhar a partir da noção de corporeidade e não da categoria de corpo, e que Hubert Godard havia deslocado a questão para a análise do gesto e de sua percepção. Por que o gesto e não o corpo?

IL: Para responder de forma bem simples: é porque essa corporeidade é feita apenas de gestos. Ou seja, nós somos o produto dos gestos que nos carregaram, ninaram, olharam — ou não —, que nos constituíram num dado ambiente. O corpo de certa maneira não existe, o corpo é apenas uma abstração teórica que mascara todo o processo de construção de uma singularidade sensível. Portanto, falar de gesto e não de corpo é enfatizar a construção do sensível. A ideia de corpo em movimento não permite pensar, pois ela vem reunificar, reduzir uma experiência sensório-motora que é bem mais polimorfa, aleatória, complexa. Quando penso em corpo, fico limitada, prisioneira de toda a história deste conceito no Ocidente. E isso me remete a um diálogo bem conhecido entre os antropólogos. Ao ser perguntado pelo missionário sobre o que o Ocidente havia levado para a Nova Caledônia, o cônego responde: "Vocês nos trouxeram o corpo, pois o espírito, nós, cônegos, conhecemos há muito tempo." Falar em gesto deixa uma margem maior de manobra para a reflexão. Falar em gesto é falar de relações, é falar da relação com o contexto, é falar de desejo, porque na efetuação de um gesto está, antes de tudo, o desejo, portanto uma carga de inconsciente e uma carga consciente de negociação perceptiva etc.

Uma das fecundas noções na reflexão de Hubert Godard é a noção de gesto faltante ou ausente.[9] Isso quer dizer que, quando observamos um grupo ou um sujeito que dança ou que anda, podemos aprender tanto quanto se buscarmos observar qual gesto não se pode realizar naquele momento, e que por isso organiza o potencial da comunidade em questão. Por exemplo, nesse exato momento nós três estamos sentados de uma certa forma, e em função da maneira como cada um organizou sua postura sentada torna-se mais ou menos complexo levantar, avançar, saltar em direção ao outro. Ao adotarmos uma postura, não ficamos preparados para um certo tipo de gesto, mas estamos disponíveis para outros. Nossas posturas organizam ou impedem um certo tipo de intercâmbio. Nossa forma de sentar determina um potencial de gestos do

9. Ver artigo: "Le geste manquant: entretien avec Hubert Godard". In: *Io — Revue Internacionale de Psychanalyse,* nº 5, 1994. Consultar no site paris8danse.

qual certos gestos não fazem parte. Seria necessário reconfigurar num único segundo a nossa percepção, colocarmo-nos num certo estado tônico, com um olhar específico, acomodar a nossa verticalidade de outra maneira, para podermos de repente saltar em direção ao outro. Tudo depende, portanto, da plasticidade do nosso sistema perceptivo.

CW: Um exemplo me veio à mente ao ouvir você. Nos anos 1980, vi pela primeira vez Catherine Diverrès e Bernardo Montet dançarem, dois grandes coreógrafos franceses da época. O que me surpreendeu, nessa primeira vez em que os vi dançar, foi a sua capacidade, retomando essa categoria, de passar de um modo de sentir a outro, ou o que também podemos chamar de estado de corpo. Antes de voltarmos à plasticidade, será que podemos diferençar o gesto dançado e o estado de corpo? E como?

IL: Na expressão estado de corpo encontra-se a ideia de estado, portanto, de uma certa maneira, de um modo de existência relativamente estabilizado, não é? Mas essa é uma ideia bem geral, por demais abstrata, para que se possa começar a trabalhar de forma precisa um gesto técnico, uma faculdade sensório-motora que implica um trabalho perceptivo.

CW: Volto ao exemplo da dança de Catherine Diverrès, mas poderia citar outros. Parece-me que o que identifiquei naquele momento nela, e que pude depois identificar da mesma forma em outros bailarinos, foi essa capacidade de modificar, a partir de técnicas específicas, nem sempre nomeadas mas que no entanto são integradas e operantes, maneiras de sentir e de agir. Porque não existe distinção, quando um bailarino dança, entre a maneira de sentir e a de agir. A maneira de sentir se confunde com a maneira de agir. Você mesma, eu sei, se interessou por essa questão.

IL: Talvez o trabalho na dança seja precisamente transformar constantemente o que você acabou de nomear. É ser extremamente receptivo e produtivo com relação a um dado contexto. É por essa razão que o conceito de corpo é tão incômodo, porque o bailarino está constantemente inventando corpo, relação, outro etc. Isso, de certa maneira, não é nenhuma novidade. Valéry, em *L'Âme et la danse*,[10] já havia dito: "A metamorfose incessante..."

CW: A diferença é que o que ele observa são estados. Em Valéry, no fundo, é o resultado que é admirado.

IL: Digamos que a questão da fábrica, a do processo técnico concreto ou da gênese do gesto não é levada em consideração. É nesse ponto que a análise dos clínicos, dos bailarinos, dos pesquisadores que trabalham com a análise do movimento, ou das pessoas que trabalham cotidianamente com

10. Valéry, Paul. *Eupalinos. L'Âme et la danse.* Paris: Éditions Gallimard, 1970.

essas questões, pode trazer elementos de uma forma diferente da que faria um fenomenólogo, um neurologista, um psicólogo ou mesmo um antropólogo. A questão não é saber, ou não, dançar. Às vezes podemos nos surpreender com a capacidade de análise do gesto de pessoas que nunca dançaram. E, inversamente, com a dificuldade de um bailarino de analisar o gesto do outro. Por exemplo, Jacques Rivière fez, em 1913, uma análise extraordinariamente precisa da qualidade do gesto de Nijinsky na sua *Sagração da primavera*. Alguns críticos, como André Levinson, possuem uma capacidade fantástica de definir características do gesto dito clássico, graças a um trabalho importante de observação e de descrição. Eles tentam manter-se em sua língua o mais próximo possível do que veem e sentem. Seus textos articulam o dizer, o ver e o sentir. Sua escrita possui uma dimensão sinestésica. E assim um campo de pesquisa importante se abre. Poderíamos rever toda a história da literatura, em especial a história da crítica, através de uma abordagem somática. Acredito que há aí uma possibilidade de renovação nos estudos literários. Existe um livro estimulante que segue essa perspectiva, de G. Bolens, chamado *Le style des gestes*,[11] que analisa de certa maneira a gestualidade na literatura. Fiz há muito tempo uma análise do texto de Baudelaire *O pintor da vida moderna* por essa ótica, como o pintor passeia na cidade e depois retorna à casa carregado de todas essas percepções de movimentos, quais tipos de gestos passam em seguida para o texto.[12] A reflexão sobre o gesto pode ser aplicada tanto ao campo da literatura quanto ao da arquitetura, do cinema e também da política. Eu me interesso essencialmente pelo campo da dança e, entre outros, pelos escritos dos bailarinos.

11. Bolens, Guillemette. *Le style des gestes. Corporéité et kinésie dans le récit littéraire.*

12. Ver em: *À la recherche d'une danse moderne, Rudolf Laban et Mary Wigman,* consultar no site paris8danse.

DL: Mudando de assunto, acho que poderíamos falar sobre técnicas somáticas, sobre a ideia de aproximar, ou juntar, gesto e técnica somática.

IL: Esse elo é essencial desde o início do século XX. Principalmente a partir do delsartismo,[13] de Isadora Duncan e de Ted Shawn, ou ainda do ensino da dança de Margaret H'Doubler, nos Estados Unidos, nos anos 1930 e 1940, que muito se preocupou com a anatomia do movimento e a cinesiologia. Ela foi, no que diz respeito à pesquisa sobre a consciência do movimento, um mestre essencial para Anna Halprin, por exemplo. Há ainda o trabalho de Laban, que articula sempre dança e análise do movimento. Era nessa disciplina sem nome que estavam envolvidas pessoas que se dedicaram simplesmente a tentar entender o que elas faziam. Mas, além de Laban, todos os anos 1920 e 1930, com Mabel Todd, Ehrenfried, Ida Rolf, Feldenkrais, Alexander, entre outros, foram marcados por uma constelação de pesquisas sobre o corpo à margem do discurso dominante — como a psicanálise, aliás —, à margem também da evolução da medicina, da farmacopeia alopática. E se o campo das ciências cognitivas se dedica a isso atualmente com outras ferramentas, é porque há um problema na nossa forma de trabalhar o gesto. Com relação ao

13. *Referência a François Delsarte.*

campo da dança, nos dias de hoje, o que continua sendo a questão principal é o trabalho de interpretação, mesmo que isso não esteja mais muito na moda. Não é tanto a questão das obras, mas a forma como essas obras são interpretadas a cada vez que são realizadas. Definir o que diferencia a presença de um sujeito em cena, como sua presença age ou não, é apesar de tudo um dos desafios que constituem o essencial do que é uma arte cênica, não é? Se retirarmos a dimensão da interpretação, saímos desse marco da arte cênica. Historicizar as interpretações, o porquê de uma certa dança e seus gestos encontrarem a sua época, e portanto testemunharem um mundo, depende tanto daquele que recebe quanto daquele que faz. Esses são interesses da história da dança. Uma estética da recepção definida por meio dessas ferramentas é um campo de pesquisa fantástico a ser desenvolvido. Também existem questões ligadas à história das técnicas somáticas — as ideologias, os modelos de corpo, os modelos de relação com o outro que possibilitaram a existência dessas técnicas — que continuam em aberto. Existe ainda muito por fazer também na história das técnicas da dança.

CW: Você mencionou os trabalhos de Michel Bernard e Hubert Godard, e disse que não existe uma ruptura, mas antes um fundo comum. Como você descreveria o que constituiu esse fundo comum?

IL: O fundo comum seria, primeiramente, o fato de partir da experiência. De certa forma, é a própria experiência que deve produzir as categorias. Pode parecer banal dizendo assim, mas o importante é que não se imponha uma grade de análise e conceitos que venham de outros campos. É mais uma atitude de trabalho, mesmo que saibamos perfeitamente que nossa experiência está sempre atravessada. Tentar suspender um pouco a forma como recebemos alguma coisa, suspender um pouco a interpretação. Deixar que as coisas simplesmente aconteçam. Poderíamos dizer que a base é uma parafenomenologia. É começar por deixar que o fenômeno, o encontro, se faça. Digamos assim, é o aspecto operatório e descritivo da fenomenologia. O que está acontecendo, o que se sente, se percebe, se produz? É um ponto de partida que, acredito eu, influenciou fortemente as pesquisas conduzidas em dança na Universidade Paris 8. E isso num momento em que, na França, nos anos 1980-90, Merleau-Ponty não estava exatamente na moda nos estudos filosóficos.

CW: E continua não estando, aliás.

IL: De fato, não. Mas atualmente a fenomenologia vive um momento de renovação, uma nova fenomenologia dos jovens filósofos, muitas vezes mulheres que, aliás, trabalham com a dança. Eu conheço pelo menos três: Katharina Van Dyk, Paule Gioffredi, Marie Bardet. E mesmo no estudo da história da dança, atualmente, é dada atenção ao fenômeno, e à prática também, algo que

não era tão visível algum tempo atrás. Katharina Van Dyk trabalha, por exemplo, em fenomenologia com os arquivos da bailarina e coreógrafa Doris Humphrey, para entender a noção de êxtase na dança. Durante anos, o fato de só nos interessarmos pela dança, pela especificidade estética, por uma autonomia do trabalho em dança foi muito criticado. Acho que isso é entender mal o trabalho que fazíamos. Se a questão para Hubert Godard era essencialmente a da natureza de um gesto de um bailarino, tal coisa não poderia ser pensada fora de seu contexto social, cultural, econômico, jurídico.

CW: Isso me faz voltar um pouco no tempo. Paradoxalmente, no momento em que esse pensamento estava sendo elaborado em Paris 8, assistia-se aos últimos alentos de uma "dança dançante", digamos assim, utilizando categorias jornalísticas. Ora, é esse o momento em que uma dimensão social, política, econômica é privilegiada e, momentaneamente, a questão do gesto dançante não aparecia mais como prioridade. Gostaria de saber como você, que se interessa por essa dimensão no seu trabalho, continuou a considerar que o estudo estético das práticas e das obras era decisivo? A linha que seguiu o seu trabalho não teria sido possível sem essa contribuição da análise do gesto. Como você viveu a inflexão em relação à questão do gesto dançado, a partir da metade dos anos 1990, momento em que um conjunto de trabalhos de artistas começou a emergir, nos quais a questão da análise do movimento não mais constituía uma prioridade? Se quiséssemos analisar o que faziam essas obras e o que faziam essas práticas e esses discursos, na forma como emergiam, as ferramentas de análise do movimento não eram mais operantes diante desses gestos estéticos. Era evidente que quando assistíamos a *Set and Reset*, de Trisha Brown, se quiséssemos realmente pensar o que essa obra fazia, para além das categorias já estabelecidas na história da arte, seria preciso adotar ferramentas específicas sofisticadas no domínio da análise do movimento. Em Trisha Brown, a questão proposta era a do gesto dançado e a da criação de uma coreografia que fosse constituída de gestos dançados, que trabalhassem por uma emancipação com relação a categorias culturais. No fundo, seria conceber uma corporeidade dançante que fosse, ela própria, o fruto de um trabalho de emancipação. Evidentemente, isso já não é mais algo urgente nos tempos atuais.

IL: Entendo o que você está dizendo, mas eu não senti uma ruptura justamente porque me parece que as ferramentas de análise que mencionamos não se limitam à análise do movimento dançado. É por isso que a questão do gesto é interessante. Seja num modo performático ou coreográfico, sempre existe um gesto em operação, e normalmente um sujeito em presença, inclusive nos trabalhos em que não se dança. Sempre existe um gesto cuja potência, num dado contexto, pode ser analisada. A forma como as pessoas simplesmente ficam de pé numa peça já é por si só um programa estético e político. E uma análise fina permite ver se, apesar daquilo que parece diferençá-las, não existe por detrás uma atitude que as reúna ou ordene. Ou inversamente se, apesar de parecerem idênticas, não existe um elemento que as diferencie. Desenvolver essas faculdades perceptivas possibilita analisar tanto práticas performáticas quanto práticas coreográficas, danças tradicionais, ou um modo de relação social específico, uma passeata política, por exemplo. E, além disso, no que diz respeito ao meu próprio trabalho, eu me interesso pela memória das obras, ou, ainda, pela memória dos gestos dançados. Ora, uma das assombrações presentes na dança é essa ideia de que existiria uma memória do corpo. Do meu ponto de vista, isso é uma dupla amarração: uma concepção estática da memória como armazenamento de informações e uma concepção reificada do corpo. Pelo contrário, a memória deve ser pensada como um trabalho de invenção que se faz incessantemente no presente e a corporeidade, como superfície de inscrição plástica dos gestos que fazemos. É muito interessante ver como nasceu esse mito segundo o qual a dança permitiria um acesso a uma memória inconsciente da espécie humana. Em suas memórias, Martha Graham, por exemplo, explica que é nas paredes do seu cérebro que está inscrito, como numa caverna pré-histórica, um certo número de gestos, como se o corpo na dança fosse um condensado absoluto de toda a história da espécie e, como "o movimento não mente", segundo ela, significa que estamos dentro de um discurso da verdade. Ela constrói ou inventa um imaginário pré-histórico do seu corpo como lugar de memória e se autorreifica. Ora, o que eu considero estimulante é pensar na possível existência de não lugares da memória na dança, obras que trabalham gestos que transformam, reativam afetos. Isso vem de uma longa história, e se inscreve, portanto, numa dimensão antropológica. Por exemplo, talvez um dia eu escreva um livro sobre o gesto de saltar, ou ainda sobre o gesto de gritar. Um olhar sobre a história da dança pode trazer muitas informações a respeito do sentido desses gestos. Gostaria de trabalhar em torno de uma dimensão antropológica do gesto através do prisma da estética e da história da dança. Talvez seja por aí, uma forma ousada de guiar a história de um gesto. É por isso que fico feliz com o seu projeto, Dani, de fazer *100 gestos* que marcaram o século XX.

DL: Ouvindo você falar, eu fico pensando sobre a ideia de figura, a ideia de que existem gestos que se tornam figuras, ícones, signos que são nomeáveis, identificáveis. Mas, muitas vezes, não temos ferramentas para descrever todas as dimensões envolvidas em um gesto. Como se a linguagem não desse conta dessa complexidade.

CW: É por isso que as categorias descritivas e analíticas que você mencionou, dentro desse esforço de reuni-las e recolocá-las em operação a partir do trabalho iniciado por Hubert, me parecem importantes. Isabelle, você poderia falar desse trabalho recente sobre o salto? Você trabalha a partir de quais prioridades?

IL: Foi a partir de uma conferência aberta que dei no Théâtre de Chaillot, no contexto de um programa do que imaginamos que seria uma pequena universidade popular da dança, em que durante vários anos cada conferência abordaria a análise de um gesto, ou melhor, de um verbo de ação. A ideia foi mostrar que na dança a questão gira em torno de práticas gestuais que dizem respeito a todos e, portanto, de sistemas simbólicos altamente elaborados. Nós havíamos imaginado — eu, meus colegas e jovens pesquisadores — reunir toda uma série de gestos simples que cada pesquisador pudesse abordar com seus próprios saberes e sua própria sensibilidade. O foco era, portanto, uma espécie de interesse geral do ponto de vista da dança. Eu, que estava encarregada da ação de saltar, comecei a fazer uma pesquisa em livros de antropologia para tentar ver como o salto foi sendo significado, vivido, na Antiguidade, na Idade Média, nos tratados de dança do século XVIII e até hoje. Também fiz um trabalho de análise daquilo que seria um salto e quais são seus componentes: o que é um salto? Como ele é nomeado e descrito? Analisei diversas categorias de salto: o salto para se elevar, salto para atravessar, salto para avançar e o salto que explode. E sobretudo tentei apresentar algumas hipóteses sobre os afetos mobilizados em um salto. Esses afetos não são exatamente, digamos assim, católicos, mesmo que se elevar, na Idade Média, fosse ir ao encontro de Deus. Mas a partir do século XIII, já não há mais Cristo "saltador", se tomarmos aqui a análise de Jean-Claude Schmitt, que apresenta elementos que nos ajudam a entender como esse gesto foi objeto de debates entre teólogos e moralistas: um bom cristão tem o direito de saltar? Com relação a isso, podemos ver os debates sobre a dança de Davi, o rei de Israel, importante personagem bíblico, e o fato de que, paulatinamente, na iconografia, Davi, que dançava seminu, aos saltos, de forma a expressar a sua fé intensamente, foi ridicularizado pelas serviçais. Era importante que, progressivamente, se separassem, nas manifestações de crença, os transes místicos de origem popular das manifestações mais reguladas e moderadas dos clérigos. Teria havido, portanto, uma organização do salto até a sua proibição, ou até a sua glorificação absoluta no balé do século XIX, ganhando o sentido de voo no Romantismo, em rejeição ao peso dos burgueses sentados. Em compensação, o salto explosivo é antes de tudo o de Dionísio, e é contagioso. Ele pode ser visto, nesse caso, nos bailarinos modernos do início do século XX, mas com um sentido bem diferente, é claro, mesmo que haja aí um retorno do dionisíaco, revisto através da influência de Nietzsche nos bailarinos modernos. E ainda há, também, toda a crítica a uma certa economia libidinal e espetacular do salto, cujo resultado aparece no trabalho dos bailarinos dos anos 1960-70, em particular no trabalho de [Ivonne] Rainer. Um ex-aluno meu, Olivier Normand, que hoje tem o seu próprio trabalho como artista, havia redigido uma belíssima dissertação de mestrado sobre a escrita dos saltos de Nijinsky. A partir de um pequeno corpus de saltos tirado do *Espectro da rosa* [Le spectre de la rose], de Fokine, da *Tarde de um fauno* [L'Après-midi d'un faune] e da *Sagração da primavera* [Le sacre du printemps] foi possível abrir questões que se encontram no cruzamento entre história da dança, estética, antropologia...

DL: Houve ainda outros gestos?

IL: Sim, no livro que vai ser publicado com as conferências, *História de gestos*, pela editora Actes Sud,[14] fizemos: estar de pé, cair, andar, correr, saltar, sentar, virar, pegar a mão, chegar/sair, carregar, bater, olhar, e também escorregar, aparecer, fugir. Todas nós, acredito eu, tivemos muito prazer na elaboração desse livro. É uma aventura à qual talvez jovens pesquisadores queiram dar continuidade. Já houve outros trabalhos, como *L'Homme de dos,*[15] de Georges Banu, na área do teatro e da pintura. Há também o livro que já mencionei, de Starobinski, sobre o gesto de oferecer com os braços, que é um trabalho extraordinário, mesmo que o corpus utilizado não esteja relacionado à dança. Mas a dança teria tanta coisa a dizer sobre isso tudo, sobre a história da reverência, sobre o *port de bras* de Isadora Duncan a Kazuo Ono. Tenho cada vez mais vontade de me aproximar da antropologia histórica com todas as ferramentas e faculdades de observação adquiridas na área da dança.

CW: Isabelle, uma última questão: você mencionou verbos de ação. Você utiliza uma categoria labaniana, a dos verbos de ação. Seria uma maneira de dizer que no fundo todo gesto é necessariamente um ato? E até que ponto podemos distinguir, ou não, o ato do gesto?

IL: Talvez. Mas me parece que a noção inclui ainda outros elementos. Para responder seria necessário colocar um elo entre a história da noção de ação, a de *actio*, que vem da retórica e até mesmo de mais longe, e a história da noção de gesto. Não teria aqui condições para responder, mas me parece que na noção de gesto está incluída a questão do sentido da ação e do desejo que opera nessa ação, enquanto que a noção de ação me parece mais funcional. Não acha? Na noção de gesto está a atitude presente durante uma ação. A noção de gesto inclui, ao mesmo tempo, a razão do gesto, suas qualidades de efetuação, sua estética portanto, e seus efeitos simbólicos e políticos. É por isso que considero ser essa uma noção mais produtiva. No gesto está inserido o que é somático, estético e político.

14. *Histoires de gestes,* sob a direção de Marie Glon e Isabelle Launay. Paris: Actes Sud, 2012.

15. Banu, Georges. *L'Homme de dos: Peinture, théâtre.* Paris: Adam Biro, 2000.

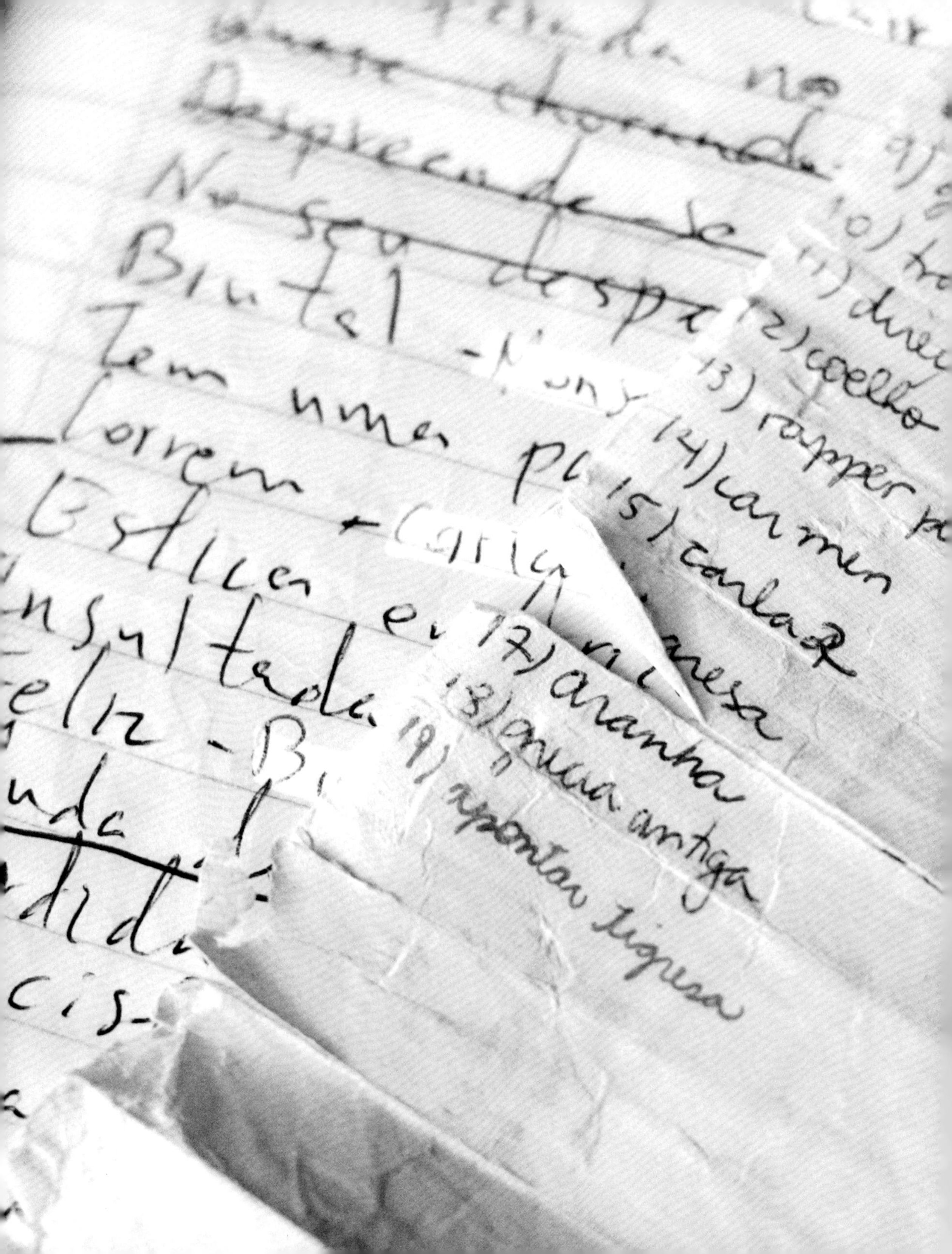
12) coelho
13) rapper
14) carmen
15) carla
17) aranha
18) grua antiga
19) apontar tigresa

entrevista com **LUIZ CAMILLO OSORIO**

Luiz Camillo Osorio é professor do Departamento de Filosofia da PUC-Rio e curador do MAM-RJ.

CHRISTOPHE WAVELET: Então, em relação ao gesto, você começou com uma pergunta para gente.

LUIZ CAMILLO OSORIO: Isso. Esse gesto que vocês estão pensando é o gesto do ponto de vista daquele momento marcante de alguma cena política, cultural, esportiva, ou é o gesto enquanto certa codificação no corpo que o século teria construído? Nesse sentido eu penso, por exemplo, no filme *Tempos modernos,* do Chaplin, há ali uma brincadeira com essa mecanização, uma brincadeira com aquilo que constrói o gesto no século XX: a repetição.

CW: Na verdade, a gente se interessa pelas duas formas. Mas queremos saber, mais particularmente, de que modo a questão do gesto apareceu nas suas práticas e por quê.

LCO: Bom, são duas as práticas com as quais eu convivo: arte e filosofia. Vou começar com a que acho que é mais restrita: a filosofia. De que maneira o gesto foi pensado na filosofia? Eu me lembro primeiro do Heidegger, quando ele está querendo apontar para um gesto como linguagem, na verdade ele pensa o gesto e a mão, pensa em que medida a mão humana foi se construindo como linguagem e foi, nessa construção, se distanciando da animalidade. A mão animal é a mão que agarra, serve à sobrevivência e à defesa, serve pra pegar a comida ou atacar, se defender, agarrar, enfim, ela é sempre uma extensão desse corpo físico que está ameaçado ou precisa alimentar-se. Essa mão foi se distanciando da animalidade e se tornando o que seria a mão humana, a mão do sinal, a mão do gesto. Eu acho que essa mão do sinal, essa mão do gesto — já não estou mais falando de Heidegger, estou falando do que imagino como desdobramento disso —, teria três caminhos a serem pensados. O primeiro é o da mão que cumprimenta. Acho que o cumprimento, em várias culturas, passa pelo gesto da mão, o adeus ou o olá. A mão que cumprimenta é, portanto, a mão que lida com o encontro, com o estar junto, e um estar junto imediato, compartilhado. Um outro caminho seria o da mão que informa,

do gesto que informa, que sinaliza, que é a mão, de certa maneira, prática. E há um terceiro caminho que é onde o gesto se qualifica, o da mão expressiva ou do corpo expressivo. Nesse caso, a mão tem uma dimensão poética, onde o gesto de fato ganha uma outra natureza, um outro estatuto.

DANI LIMA: Isso seria a dança, por exemplo?

LCO: Eu acho que a dança é a concentração disso. Essa mão, esse gesto, ou esse corpo, singularizam-se pela expressão, que é um princípio de individuação do corpo e do movimento, desse corpo-movimento, produzindo um sentido. Isso está concentrado no gesto. Fazendo agora uma ponte com a arte, em que medida esse gesto, que é expressão, é de certa forma uma soma de concentração e disseminação? Acho que aí tem uma coisa interessante também para pensar esse corpo expressivo que cria e produz sentido. Sua intencionalidade não é consciente — a intencionalidade do corpo não passa pela consciência —, não como a consciência normalmente é pensada. Por exemplo, o caso de Jackson Pollock tem toda uma violência, um lançar-se, e, ao mesmo tempo, uma aparência de ser espontâneo e casual, mas é hiperconcentrado. É essa hiperconcentração que me parece o mais significativo ali. Ele adquiriu essa potência expressiva numa concentração do corpo que talvez a gente possa chamar de ritmo, e que faz com que tenha uma aparência de ser aleatório, mas é *não* aleatório.

DL: Você acha, por exemplo, que a gente poderia chamar de gesto essa potência expressiva concentrada num ritmo?

LCO: Poderia, mas eu não sei se seria só gesto. O que eu acho é que o gesto talvez seja uma parte disso. Quando o gesto ganha essa expressividade e quando essa expressividade ganha uma forma? Talvez isso seja a maneira como o gesto produz o estilo, e o estilo seja essa formalização do gesto na qual ele ganha concentração e disseminação. De certa forma, como é o ritmo que é adquirido, talvez seja uma técnica também. Uma questão fundamental para pensar a arte no século XX é como redimensionar ou requalificar a noção de técnica. A técnica não é mais o mero controle, a mera aquisição de uma habilidade, mas é, sim, a aquisição de um ritmo. Fico pensando assim: a técnica num Duchamp... O que faz o trabalho do Duchamp requerer uma técnica? O que seria isso? Pensar essa técnica, não como repetição mecânica, mas como processo singular, é importante para não banalizar o Duchamp e rebaixar o deslocamento que ele produz, na história da arte, para algo que possa ser repetido sem nenhuma densidade. Por exemplo: por que dizer que "qualquer um faz isso" não faz sentido? Eu acho que na dança há também essa questão. Por que fazer aquele movimento ou aquele gesto que poderia ser repetido por qualquer um? O fato de poder ser repetido por qualquer um não é o que interessa; o que interessa é o que é *irrepetível* naquilo e faz daquilo dança, tem a ver com uma determinada situação, com o conjunto de relações que ela cria, de onde o sentido vai se constituir, e não com a mera habilidade, não é uma questão de saber fazer. Acho que essa é a questão do gesto. O gesto não é um saber fazer, é o inventar um sentido e esse sentido ganhar uma forma que se dissemina. Há alguns gestos, por exemplo, na história da arte do século XX, que são marcantes. Acho que o gesto do Duchamp é um gesto inaugural. Sem juízo de valor, se é bom ou ruim, não interessa, esse gesto desloca e reinventa um objeto e um sentido de arte. Portanto, esse é um gesto inaugural. Um gesto que só a arte do século XX produziu: o *readymade.*

Um outro gesto que foi muito importante para uma certa liberação da expressão no século XX foi o gesto do Miró. Porque acho que o Miró foi o primeiro artista que pintou com o braço e não com a mão. Não é mais o gesto manual e sim o uso mais alargado do corpo. Depois vem o Pollock, e aí passa a ser o corpo inteiro. Frank Stella, pintor americano, tem um livro muito bonito e interessante sobre Caravaggio e o espaço do barroco, chama-se *Working Space.*[1] Ele fala uma coisa sobre Pollock que acho muito inteligente: diz que para poder dimensionar a escala desse corpo atuando na tela é preciso dimensionar a troca da paleta pelo balde. Ele usa o balde e não a paleta. Essa escala do corpo é também a escala do espectador que, de certa maneira, já começa a ter uma relação mais *imersiva* com o espaço da tela. Acho que o gesto do [Lucio] Fontana é outro gesto muito marcante no século XX, rasgando a tela, atacando a tela, e de certa maneira abrindo esse espaço de interseção, de contaminação do ficcional e do real; acho que isso também reelabora todo o campo da expressão. Daí para performance, para esse embate direto entre o corpo, o espaço e o outro, foi um passo mais fácil. Liberando o braço, usando o corpo e rasgando a tela entrou-se nesse campo de conflito e de embate com o real que está aí se reinventando. Enfim, acho que as duas práticas, as duas cenas — filosofia e arte — se juntam e têm uma relevância para pensar o gesto e a liberação do corpo, desse corpo que ganha uma intencionalidade própria, assume certa produção de sentido. Ele não é mais apenas dirigido por uma consciência, mas é ele próprio veículo da expressão. Isso mudou a maneira pela qual se constituíram as artes plásticas e o campo híbrido das artes plásticas com a dança, com o teatro. E até com a literatura, se formos pensar o gesto de Cy Twombly também desconstruindo uma linguagem, desconstruindo uma escrita. Se em vez de tomar a direção de Pollock para Fontana a gente tomar a direção de Pollock para Cy Twombly, pensamos numa outra bifurcação, na direção da desconstrução da escrita, da incorporação desse gesto mais simbólico que tem toda uma recombinação da tradição, da memória. Esse é um outro viés interessante. Talvez seja um gesto mais gago, que assume ali sua precariedade, precariedade que está, por exemplo, na maneira como Mira Schendel produziu os seus desenhos, com um traço, uma linha que atua no vazio, que chama o vazio. Acho que também na arte brasileira, no

1. Stella, Frank. *Working Space.* Cambridge: Harvard University Press, 1986.

Hélio [Oiticica] e na Lygia Clark, esse corpo vai sendo convocado, saindo do plano para o espaço. É o gesto que vai refazendo continuamente a forma e encontrando uma posição que está sempre se reencaminhando a partir dessa participação, a partir desse envolvimento. A forma perde a sua fixação e vira um movimento e um ritmo. Nesse movimento e nesse ritmo, que vão constituir uma expressão, é interessante pensar as singularidades culturais. Em que medida uma singularidade cultural, que é um acento diferenciado numa determinada língua, uma linguagem plástica, visual, contribui para a constituição de uma expressão? Essas contribuições vão se somando. O que é singular no gesto brasileiro? Será que é possível pensar num gesto brasileiro? Em que ele se diferencia? O brasileiro... Será que há uma unidade? Eu falo do Brasil, mas são tantos *Brasis*... Se a gente for olhar o futebol, que é um lugar onde o gesto do Brasil tem tanta relevância — e o Brasil e a Argentina têm aí algo em comum —, é um gesto que se constitui sempre junto com a bola, tem uma relação mais direta com a bola. Chico Buarque uma vez falou isso num texto sobre futebol e eu achei genial. Ele disse que o futebol europeu, que a escola europeia, é a da relação do jogador com o campo, e a escola sul-americana, ou do Brasil e da Argentina, é a da relação do jogador com a bola. A dimensão tática é menos relevante, o mais importante é essa interação com a bola, essa relação, essa intimidade. Como se fala no jargão futebolístico, "o jogador tem intimidade com a bola". A expressão nasce dessa intimidade. Por outro lado, as grandes jogadas muitas vezes acontecem sem a bola, como o lance do Pelé abrindo a perna, driblando, pegando a bola do outro lado. É essa coisa de pensar o espaço, criar a situação ali no improviso, que já está de certa maneira treinado e conquistado. Um certo ritmo em que o comando já vem pelo corpo. Ele não pensa "eu vou fazer isso", depois passa o comando e o corpo responde. Não. O pensamento já está nessa rapidez, ele não tem que pensar. Ele pensa com o corpo.

CW: Em relação às obras e às práticas da arte contemporânea, quais são para você os gestos mais importantes nos dez últimos anos?

LCO: Gestos... É difícil responder isso porque escapa, né? Bom, teve um gesto, num trabalho que vi há uns três anos talvez, numa Bienal de Berlim, que era um beijo. Era um trabalho de Tino Sehgal, num espaço maravilhoso, uma sala antiga com cristais e espelhos enormes e um casal ali, só se beijando. Ficar diante daquela cena tão banal e ao mesmo tempo tão surpreendente foi muito marcante, foi um gesto que ficou. Aquele beijo definitivamente estaria entre os gestos mais importantes para mim. Outro trabalho que tem um pouco mais de tempo, mas tem força, é uma videoperformance de Bruce Nauman. Há um casal, ela chega para jantar, ele abre a porta. Quando ela vai se sentar à mesa, ele tira a cadeira, ela cai e dá um tapa na cara dele. Esse tapa tem uma concentração. Esse vídeo foi surpreendente! Outra coisa também surpreendente foi uma cena que eu já tinha visto antes, mas que apareceu no vídeo de Grimonprez, que vi 12 anos atrás. Era um vídeo intitulado *Dial H-I-S-T-O-R-Y,* cuja cena final mostra o riso do presidente russo e do presidente americano, Yeltsin e Clinton. É um riso sem medida, exasperado, que encerra uma sequência trágica e premonitória de imagens de arquivo de ataques terroristas. É uma espécie de conclusão cínica depois de uma densa reflexão por meio de imagens e textos sobre terrorismo, criação e violência. Aquele minuto de gargalhada final é também surpreendente como gesto, desconcertante.

Agora, falando do Brasil, tem um artista carioca, Franklin Cassaro, que me mostrou, na casa dele, o primeiro inflável que fez com jornais. Ele estava procurando apartamento, então pegava os classificados dos jornais, ia separando, colando, e disso fez um inflável de classificados. Ele me disse: "Olha este trabalho que eu fiz." Pegou os classificados colados, abriu e entrou no inflável. Aquele gesto foi tão surpreendente, ele constituiu um abrigo imediato. Cassaro estava procurando casa e de repente fez aquele abrigo de jornal, uma espécie de casa-parangolé. Foi um acontecimento fugaz e que depois se desdobrou numa série de trabalhos infláveis com revistas, jornais e tudo o mais. Também o gesto dele produzindo as vulvas metálicas com latas é um gesto preciso, rápido e simples. Foi até bom falar a palavra simples, porque eu acho que o gesto e a expressividade do gesto são interessantes para se pensar uma diferença fundamental no século XX e que é fundamental para separar o joio do trigo. É a diferença entre o fácil e o simples. O fácil é sem expressão e o simples é cheio de expressão. E o simples não é fácil, o simples é uma conquista. Esse gesto do Cassaro era extremamente simples, mas não era nada fácil; era necessário todo um domínio da expressão. As vulvas metálicas têm essa simplicidade. Eu me lembro, deve ter uns 16 anos, deve ter sido lá pelos anos 1990, eu estava no ateliê do [Ernesto] Neto, e ele estava começando a trabalhar com meias. Tudo começou com essa obra, que é uma barra e uma bola, a *Barra bola.* Ele fez o trabalho ali na hora, disse: "Olha só", e fez um único gesto: pegou a barra e a bola e fez uma escultura que é a bola escorada pela barra encostada na parede. Um gesto totalmente rápido, preciso, simples, e que fertilizou todo um horizonte criativo, poético, que dá frutos até hoje. Enfim, esses gestos, de certa maneira, são os mais interessantes para mim.

DL: Eu fiquei curiosa com uma coisa: você começou falando sobre filosofia, Heidegger, sobre o gesto ligado aos movimentos das mãos. A gente está aqui conversando e eu estava observando você, as suas mãos sobre a mesa, elas estavam superexpressivas enquanto você falava. Essa é uma forma de pensar o gesto, como algo que é produzido pelas mãos, e se a gente ampliar um pouco, pelas mãos, pelo rosto, enfim, por toda a unidade superior do corpo. As mãos, de fato, são muito usadas na produção de gestos, como os que você falou — cumprimentar, informar, ou no gesto poético. Isso me fez pensar em quais seriam os limites do que a gente pode considerar gesto.

Por exemplo, postura é um gesto? Na hora em que eu entro numa sala com uma determinada postura, expresso um determinado sentido, crio uma determinada relação, só a minha postura já fala muito.

LCO: A elegância e a postura têm essa construção de dignidade, de nobreza, sei lá... Eu me lembro de um livro da Karen Blixen — ou Isak Dinesen[2] — com pequenos contos que ela escreve sobre sua experiência na África. Ela vinha da aristocracia dinamarquesa e num desses contos escreve que adquiriu o sentido de nobreza na África. Outro dia eu estava vendo com meu filho o filme *Buena Vista Social Club* na televisão. A elegância, a postura daqueles músicos é extremamente expressiva, digna. Essa simplicidade, construída de uma maneira orgânica, e que marca uma dignidade, é dada pelo corpo: pelo andar, pelo olhar, pelo falar. As coisas todas se concentram ali, se concentram e se disseminam, ali há uma postura.

2. *Ao voltar da África para a Dinamarca, em 1931, Karen Blixen decidiu assinar suas publicações como Isak Dinesen.*

DL: Sim, a postura é expressiva no sentido de que fala alguma coisa sobre o jeito de a pessoa se relacionar com o mundo naquele momento. E o pensamento? Na história da filosofia, por exemplo, o pensamento pode ser olhado como um gesto, um gesto de pensamento?

LCO: Há um texto que associa a estridência do pensamento de Nietzsche ao fato de ele escrever a máquina e em pé. Existe uma atuação direta na máquina, e escrever em pé é outra estridência. Nietzsche e Marx, justamente por pensarem a quebra da tradição, são pensadores que falam alto. Porque aquelas categorias da tradição, que de certa maneira davam calma ao pensamento, não estavam mais servindo. Então para se fazer ouvir é preciso berrar, são dois pensadores que falam muito alto. O pensamento deles pensa alto; lendo aqueles livros você está ouvindo alto. Acho que isso é uma maneira de o pensamento ter uma materialidade, uma gestualidade.

DL: Materialidade talvez seja uma boa palavra para gente falar sobre o gesto, me pareceu agora que de alguma maneira é a concretização de uma intenção em forma de alguma coisa, como o que você acabou de falar, na verdade.

LCO: São muitas materialidades, vários tipos de materialidade.

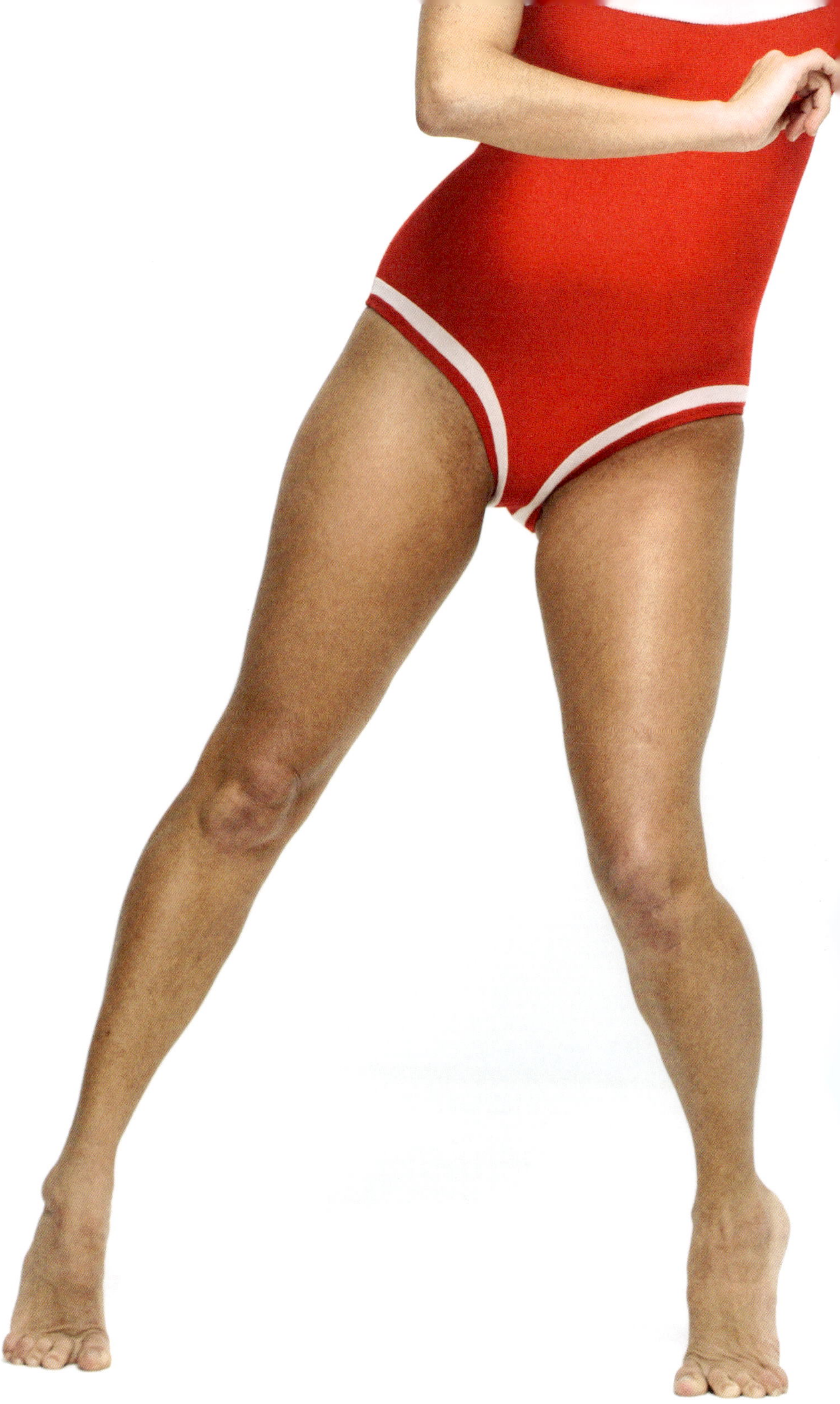

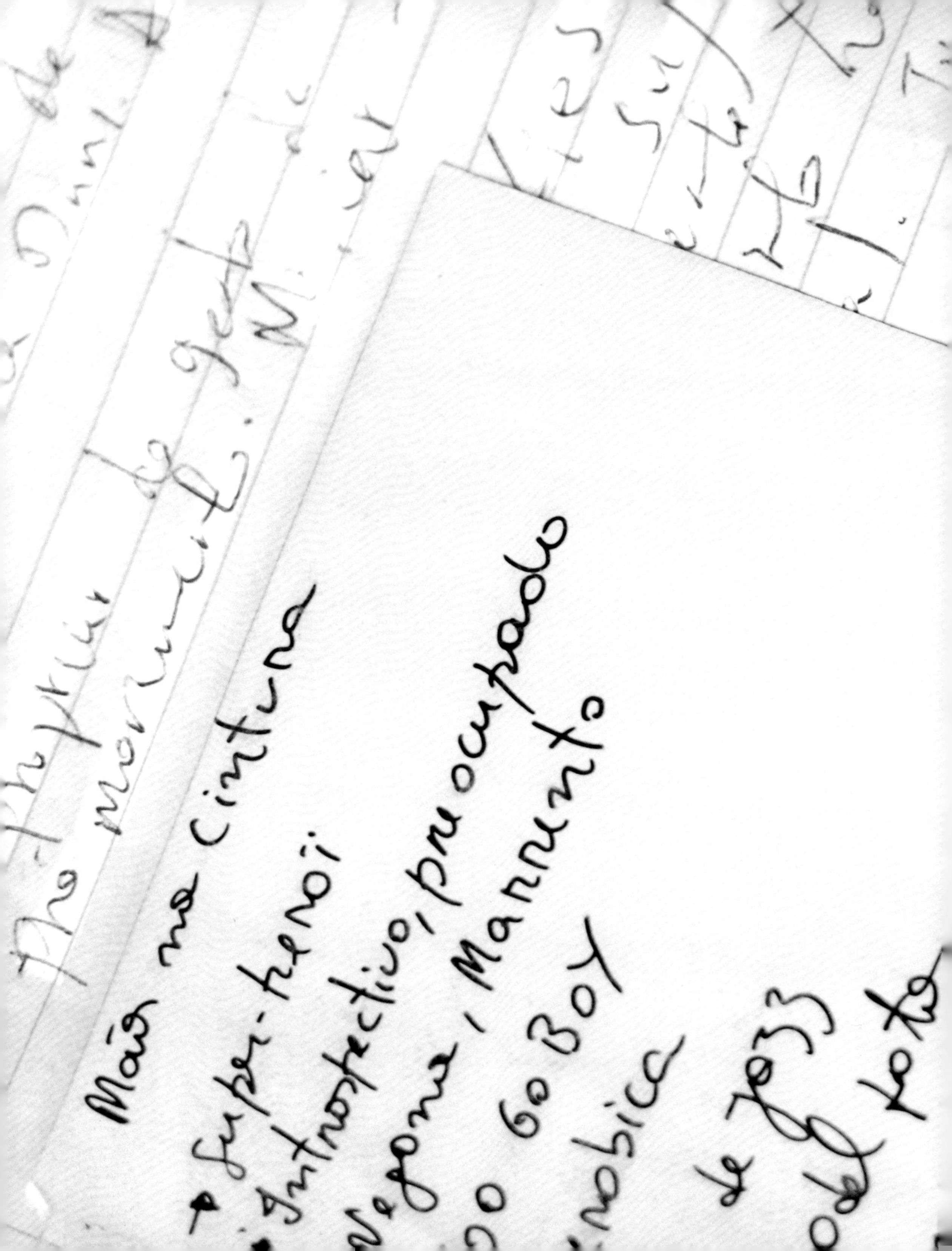
Mais na cintura
super-herói
introspectivo, preocupado

entrevista com **TATIANA ROQUE**

Tatiana Roque é professora do Instituto de Matemática da UFRJ, trabalha sobre história e filosofia da ciência.

CHRISTOPHE WAVELET: Tatiana, como o gesto se insere na sua prática filosófica?

TATIANA ROQUE: Na verdade, eu trabalho sobre a realidade matemática. O que seria isso? Os objetos da matemática ora são concebidos como não existentes, como puras abstrações ou objetos mentais, ora são concebidos como reais num sentido platônico, reais em um mundo inteligível. Há vários filósofos da matemática de que eu gosto muito, em particular o [Jean] Cavaillès e o [Albert] Lautman, que fazem parte de uma epistemologia francesa, mas também outros mais recentes, como Gilles Châtelet.

O uso que esses filósofos fazem do conceito de gesto é no sentido de propor uma outra noção de realidade matemática. A matemática não seria apenas uma pura criação da mente humana, ela teria alguma realidade, mas não uma realidade no sentido platônico, no sentido de realidade transcendente. O conceito de gesto se insere nessa discussão e eu cheguei até ele com o interesse de entender a matemática como algo que tem um tipo de realidade, podendo até redefinir o que realidade quer dizer, saindo da dicotomia usual na qual se insere usualmente a discussão sobre o que é real.

CW: Quando apareceu a categoria do gesto dentro desse campo filosófico da ciência?

TR: Em geral, as pessoas que trabalham com o gesto em matemática se referem muito ao trabalho do Cavaillès, um filósofo do século XX que ficou conhecido pela sua luta na Resistência Francesa. Ele usava esse conceito de gesto para pensar a realidade matemática. Cavaillès tem uma frase que ficou muito conhecida; ele diz que, para compreender o desenrolar de uma teoria matemática, é preciso captar seu gesto. Ele diz: "*Comprendre c'est en attraper le geste pour pouvoir continuer.*" Quer dizer: "Entender é captar o gesto para poder continua." E fazer alguma coisa com aquilo. As teorias matemáticas,

segundo ele, em diversos sentidos, realizam gestos sobre objetos matemáticos, sobre outras teorias, ou sobre conceitos que permitam que, captando o gesto, se possa entrar naquela teoria e fazer matemática. Isso que estou chamando de realidade da matemática está no próprio fazer matemático. A matemática é real, é um certo conjunto de conceitos, objetos, ferramentas que são reais no sentido de que se pode fazer algo com isso.

CW: Então, de certo modo, seria conceber o pensamento enquanto gesto?

TR: Sim, o gesto seria esse momento de criação a partir de um determinado conjunto de objetos, de conceitos, de ferramentas, ou seja, de coisas preexistentes. Dali se inventa outra coisa. O Gilles Châtelet desenvolveu um pouco mais essa noção. Para ele, o gesto tem primeiro um sentido diagramático. O gesto tem a ver com as noções relativas a diagramas usados na matemática, apesar de não aparecerem no texto matemático. Isso quer dizer que no momento em que se lê um texto bem-encadeado, com definições, teoremas e demonstrações, muitas vezes não se tem acesso ao gesto de pensamento que gerou esses resultados, que se utiliza de diagramas. Há instrumentos visuais que são usados para pensar matemática, para fazer matemática, que permanecem escondidos no texto final. É muito comum usar desenhos e raciocínios visuais que não são colocados no texto final, mesmo na história da matemática.

CW: E por quê?

TR: Porque o padrão de rigor da matemática, sobretudo a partir do século XIX, ficou muito identificado a um padrão algébrico, aritmético, de caráter axiomático. O pensamento geométrico, que emprega desenhos e figuras, teve seus momentos de marginalização, apesar de depois ter retomado um lugar central. Esses filósofos que eu citei têm uma origem comum, todos têm ligação com a filosofia de [Léon] Brunschwig, não o Gilles Châtelet, que é mais atual, mas o Cavaillès e o Lautman, e outros que fazem parte de um grupo que também envolve o Bachelard, por exemplo. O Brunschwig tem um livro chamado *Les étapes de la philosophie mathématique*,[1] no qual ele diz que uma das dificuldades de se compreender a matemática é que ela é exposta na ordem inversa da que foi inventada: a ordem da exposição inverte a ordem da invenção. Então, para entender matemática seria preciso reverter a ordem da exposição, partir da invenção. É justamente isso que eu estava falando, sobre o fato de escondermos a maneira como se chegou a um certo resultado na hora de expor tal resultado. Um livro de matemática é escrito de trás para frente. Primeiro se enuncia aquilo que se descobriu por último. Se o objetivo é demonstrar um teorema, quando se enuncia o teorema ele já está com todas as condições necessárias para a demonstração. Mas essas condições foram

1. Brunschwig, Léon. *Les étapes de la philosophie mathématique*. Paris: Félix Alcan, 1912.

descobertas por último. A ordem da invenção não é a da exposição. É o contrário, tem-se uma questão, um problema em aberto, então vai se fazendo o que se pode com os elementos que estão disponíveis, bricolando, até que o matemático crie alguma coisa. A noção de gesto estaria ligada a esse momento de criação.

CW: E o gesto já aparecia na filosofia do Brunschwig?

TR: Já, de certa forma, sim. Não com essa centralidade que teve depois, mas já aparecia.

CW: Depois do seu encontro com essas várias ideias, como você passou a trabalhar com a categoria do gesto na sua prática usual?

TR: Na minha prática, o que eu procuro fazer, através da história da matemática — a história é justamente o que pode recuperar a ordem da invenção que está por trás da ordem da exposição —, é captar esses momentos em que se pode dizer que, a partir de um gesto, certa teoria surgiu, uma nova maneira de pensar e fazer matemática foi fundada.

CW: Você tem exemplos em mente para partilhar?

TR: Eu trabalho mais especificamente com a história da teoria dos sistemas dinâmicos, o que ficou conhecido como teoria do caos. Nessa história, um papel muito importante é atribuído a Henri Poincaré, que no final do século XIX inventou uma série de ferramentas para analisar as trajetórias definidas por um sistema dinâmico. Antes de Poincaré já se trabalhava com equações diferenciais, que são equações que modelam um monte de fenômenos da natureza, desde Newton. Mas essas equações precisavam ser resolvidas para que fosse possível prever, por exemplo, o que ia acontecer com os fenômenos que elas descreviam. Contudo, acontece, na prática, que somente uma ínfima parte do conjunto de equações diferenciais pode ser realmente resolvida. Resolver, nesse contexto, seria encontrar uma expressão analítica, uma fórmula que fosse solução da equação. De novo a proeminência dos métodos analíticos, algébricos: escrever uma função que resolva a equação. A ideia de Poincaré, no fim do século XIX, foi propor que não fosse mais necessário resolver, nesse sentido analítico. Mesmo as equações que não podem ser resolvidas podem ter suas soluções compreendidas qualitativamente, de modo que se possa determinar seu aspecto geométrico. Poincaré fez isso identificando as soluções da equação diferencial como trajetórias — a um conjunto de curvas descritas geometricamente — e analisando qualitativamente os comportamentos possíveis dessas trajetórias. Passa-se a enxergar as trajetórias no espaço, que ficou conhecido depois como "espaço de fases". Nesse "espaço de

fases" há muitas trajetórias e é interessante conhecer os comportamentos possíveis dessas trajetórias. Assim, pode-se descrever os comportamentos possíveis desses sistemas dinâmicos, que evoluem com o passar do tempo. Esse tipo de problema tem origem em problemas físicos, como, por exemplo, o problema da mecânica celeste, que procura saber se o sistema solar é estável, se a Terra vai continuar girando em torno do Sol, ou se um dia vai escapar e nós vamos morrer congelados. Esse é um problema teórico que envolve o comportamento das trajetórias de um sistema dinâmico em longos períodos de tempo. A necessidade de saber se o sistema solar é estável não é só uma questão de prever a curto prazo o que pode acontecer... Para obter uma resposta, Poincaré passou a analisar as trajetórias desse sistema dinâmico, um problema dificílimo, pois envolve trajetórias em um espaço de dimensão alta. Suponhamos que tomemos uma esfera e várias trajetórias desenhadas sobre essa esfera. Nesse caso é fácil saber o que acontece, pois temos uma noção global dos aspectos possíveis das trajetórias. Mas se essas trajetórias estão em três dimensões, o comportamento pode ser supercomplexo, porque uma trajetória pode passar por dentro da outra. E podem acontecer mil coisas... Ainda não se sabe muito bem como analisar esse caso, a partir de que instrumentos descrever todos os comportamentos possíveis das trajetórias em três dimensões, a complexidade é absurda. Poincaré inventou uma ferramenta que é hoje conhecida como seção de Poincaré; ele considera, inicialmente, somente a vizinhança de uma trajetória periódica. Nos problemas físicos é importante saber o que acontece nas proximidades de uma trajetória com comportamento periódico. No sistema solar, por exemplo, não é difícil entender a importância dos comportamentos periódicos. É importante saber se na vizinhança de um comportamento periódico as outras trajetórias também são periódicas, porque se forem, saberemos que elas estão limitadas a uma região e não podem escapar. Poincaré diz que a trajetória periódica é a única brecha através da qual é possível analisar o comportamento das outras trajetórias na sua vizinhança. Essa palavra brecha é interessante. Eu diria que a seção de Poincaré é um gesto, o gesto é: cortar a trajetória por uma seção, e em vez de estudar tudo o que acontece com essa trajetória, estudar somente o que acontece com os pontos de interseção da trajetória com essa seção. Por meio da dinâmica desses pontos de interseção com o tempo é possível ter acesso a tudo que acontece de relevante com as trajetórias vizinhas à trajetória periódica. Porque, na verdade, não importam muito, para esse tipo de análise, os fenômenos que a gente chama de transientes, aqueles que passam, só importam os fenômenos recorrentes, aqueles que de certa forma retornam, que são invariantes. Por meio da seção de Poincaré podemos conhecer, então, tudo o que acontece de relevante na vizinhança da trajetória periódica que foi cortada. E por que a seção de Poincaré é um gesto? No sentido do Châtelet, é realmente um gesto, corta-se a trajetória e tem-se um diagrama do comportamento dos pontos na vizinhança daquela trajetória. Mas há outro sentido, também explorado pelo

Gilles Châtelet, que é a noção de *gesto fundador*. Gesto fundador é aquele que vai dar origem a uma teoria. A seção de Poincaré, de certo modo, dá origem à teoria dos sistemas dinâmicos. A partir de Poincaré define-se um sistema dinâmico tanto por uma equação diferencial, que seria um objeto definido em um mundo contínuo, como pela iteração dos pontos sobre a seção de Poincaré. O sistema dinâmico passa a ser definido também como algo discreto, e surge uma identificação entre esses dois tipos de definição — contínuo e discreto. E é nesse momento que surge a chamada teoria dos sistemas dinâmicos, a partir dos trabalhos de um matemático americano chamado George D. Birkhoff. Ele usa a seção de Poincaré para definir um sistema dinâmico dessa nova maneira, como uma iteração de pontos, dando origem a uma nova teoria que se distingue da teoria clássica das equações diferenciais por ser completamente qualitativa, empregando métodos geométricos, ou topológicos, na análise desse tipo de problema. Esse seria um exemplo de gesto. E eu diria que a seção de Poincaré é um gesto.

CW: Enquanto você está falando, está produzindo gestos, com as mãos, com os olhos... Qual seria a diferença, se há alguma diferença, entre a noção do gesto, esse conceito que você usa na sua prática, e os gestos que produz quando fala, quando se move?

TR: Já pensei sobre isso e nunca cheguei a uma conclusão. Acredito que nesse gesto de pensamento — que eu estou chamando de gesto —, diferente do gesto corporal, você tem uma insistência sobre o gesto; é como se pudéssemos falar de uma dobra, um gesto que se dobra sobre si mesmo. Você pensa sobre o gesto. Teria uma atitude reflexiva no sentido etimológico da palavra: reflexão, faz-se uma flexão de novo. O gesto de pensamento seria, nesse sentido, sempre algo reflexivo, que pensa sobre si. Acho que há uma particularidade aí. Por outro lado, se pensarmos a questão do corpo de um jeito mais amplo, não é tão diferente assim, porque quando eu falo, por exemplo, da seção de Poincaré, eu faço um gesto para mostrar a seção, o gesto é corporal mesmo, e o do Poincaré também foi. É como se a gente se colocasse no lugar da trajetória periódica para entender o que estava acontecendo com as trajetórias vizinhas. Para imaginar o que acontece, temos que nos colocar sobre a seção, tem aí um movimento corporal num sentido bem amplo...

CW: Mais uma pergunta: há muitos filósofos das ciências que hoje trabalham também com esse conceito, com essa categoria do gesto?

TR: Não, muito poucos.

CW: Por quê?

TR: Bom, primeiro, na filosofia da matemática é mais comum as pessoas trabalharem com filosofia analítica. Tem muita gente trabalhando justamente com o oposto dessa investigação sobre o gesto. Mesmo que você não trabalhe com lógica especificamente, a maneira mais comum de expressar os postulados sobre a filosofia da matemática é de um modo lógico. Esse é o *mainstream* em filosofia da matemática, o que limita muito uma investigação possível sobre o gesto. As pessoas que trabalham com pontos de vista que podem estar ligados a uma reflexão sobre o gesto estão mais ligadas à história da matemática, eu diria, e aí, do ponto de vista filosófico, não chegam a ousar tanto, ficam mais restritas à história. Na França há pessoas trabalhando com esse ponto de vista. Há um livro muito bom sobre Cavaillès, chama-se *De l'expérience mathématique*,[2] de um filósofo, meu amigo, Pierre Cassou-Noguès. Em Cavaillès, a questão do gesto tem a ver com a possibilidade de uma experiência matemática, que opera por meio de gestos. É esse o sentido de uma experiência em matemática: *"Comprendre c'est en attraper le geste pour pouvoir continuer."* Quer dizer, capta-se o que é essencial na experiência para poder agir, para poder prosseguir naquela experiência. Nesse livro, Pierre Cassou-Noguès trabalha bastante com a noção do gesto.

2. Cassou-Noguès, Pierre. *De l'expérience mathématique: Essai sur la philosophie des sciences de Jean Cavaillès.* Paris: Vrin, 2002.

DANI LIMA: Eu fiquei pensando no livro *Metáforas da vida cotidiana*,[3] do linguista George Lakoff em parceria com o filósofo Mark Johnson, que relaciona o pensamento e a experiência usando o conceito de metáfora. Eles sugerem que o nosso sistema conceitual é em grande parte metafórico e que são metáforas que estruturam nossas maneiras de perceber, pensar e agir. O que eu queria perguntar é: em que medida podemos pensar em termos de metáfora para relacionar, por exemplo, esse gesto do corte, ao qual você se referiu, que é um gesto real da experiência e do corpo, com um gesto do pensamento?

3. Lakoff, George; Johnson, Mark. *Metáforas da vida cotidiana.* Campinas: Mercado das Letras, 2001.

TR: Eu não gosto muito dessa noção de metáfora, porque é sempre como se aquilo não fosse só aquilo, como se estivesse ali no lugar de alguma outra coisa. Acho que mesmo que a gente tenha que entender a noção de gesto num sentido mais amplo, eu prefiro o sentido literal. A noção de gesto é rica, não é à toa que a gente fala *gesto* e não fala *ato*, não fala movimento, não fala ação. É justamente porque na noção de gesto tem alguma coisa a mais.

CW: Não se limita à experiência corporal.

TR: É muito comum, por exemplo, a gente falar sobre algum filósofo ou pensador e dizer que o gesto dele foi esse, o gesto do pensador tal foi introduzir a questão do real em certo contexto... trata-se de um gesto de pensamento. É comum usar a palavra gesto nesse sentido. A palavra gesto tem a riqueza de poder ser explorada em vários contextos. Por isso, eu prefiro pensar que a gente fala do gesto no sentido literal, ainda que explorando todas as suas potencialidades, para além do seu domínio próprio de definição.

DL: A metáfora leva à ideia de veículo, como se fosse apenas veículo de expressão de outras coisas.

TR: É, exatamente.

CW: Vários campos usam essa categoria do gesto, como vocês, por exemplo, na filosofia. Os arquitetos falam sempre de um gesto arquitetural.

TR: Exatamente.

CW: Essa categoria do gesto faz parte do léxico do dia a dia.

TR: Sim, mas exatamente nesse sentido que você falou, o gesto arquitetural tem a ver com colocar uma coisa ali que não existia antes. Não é só o prédio construído. É inventar um espaço que era impossível de ser pensado antes, que só é pensado a partir daquele gesto, que seria um gesto inaugural. É esse mesmo sentido que a gente está usando na matemática, o gesto funda uma experiência. Ou seja, a possibilidade de uma nova experiência tem que ser fundada por um gesto. O gesto produz a condição de uma nova experiência e pode acontecer em qualquer campo. Na matemática acontece de uma maneira específica.

CW: Então será que poderíamos até concluir que o gesto tem sempre a ver com invenção?

TR: Sim, acho que sim. Mas invenção no sentido mais preciso de uma nova possibilidade de experiências. Eu acho que o gesto seria, sim, a invenção, mas não seria uma nova experiência, seria a possibilidade de uma experiência que não estava ali antes. Isso acontece em qualquer lugar, com qualquer coisa, não é específico da matemática. O que é especial para a matemática é que não se tem o hábito de pensar em experiência matemática. Não estou falando da experiência que é traduzida por um modelo matemático, porque aí seria a experiência natural, do fenômeno, digamos assim. Quero dizer que não se tem o hábito de pensar em experiência matemática propriamente dita, experiência que tem a ver com intuição matemática, com diagramas, que implica em se colocar no lugar de um diagrama para pensar no que vai acontecer com a trajetória. E, a partir daí, afirmar a realidade matemática como um lugar em que a experiência não está separada da invenção, em que a experiência é condição do pensamento. Um lugar onde essas coisas são inseparáveis.

CW: Você falou de outras categorias como ato, ação. Como diferenciaria o gesto do ato, por exemplo?

TR: O ato é algo que se esgota em si mesmo, ato é uma coisa que começa e acaba, acho que seria essa a diferença. O gesto, não, ele insiste, ele é produtivo. Tanto é que o ato está muito associado à filosofia aristotélica, na qual se estabelece uma diferenciação importante entre potência e ato. O ato é aquilo que decorre da potência. O gesto não decorre de outra coisa, o gesto se produz e produz alguma coisa a partir dele, e essa coisa vai produzir um outro gesto. Seria essa a diferença.

DL: E no caso desses gestos corporais que você usa para falar ou que a gente usa para se expressar, eles estariam nessa categoria do ato? Nós chamamos comumente de gesto, e, de alguma forma, ele é relacionado ao pensamento também.

TR: É, eu acho que sim, acho que ele está relacionado ao pensamento, é uma coisa que ajuda a falar e a pensar. Talvez aí tenha uma outra dimensão do gesto que não está presente nessa definição que eu dei antes, a dimensão do gesto que não tem função, talvez a gente tenha que aprimorar essa definição. Então não seria um ato, eu acho, nesse sentido... Há essa outra diferença importante, o ato está mais ligado à realização de alguma coisa, ele tem uma finalidade.

DL: E talvez tenha relação com o outro.

TR: Esse tipo de gesto que acompanha a fala não é premeditado, não é planejado, eu não estou pensando: "Ah, eu vou fazer assim porque..." É uma coisa que vem.

DL: Mas também existem gestos que são premeditados. Eu fiquei pensando sobre esse seu conceito bonito, do gesto do pensamento, da filosofia, como uma dobra. Fiquei pensando... Será que nos gestos corporais haveria diferença, gestos que são automáticos e gestos que são uma reflexão, uma volta sobre si mesmos?

TR: Isso já é do domínio da dança, acho que sim...

...sicas bá...

27 conto da Cla...

28 SENSAÇÕES BOCA...

29 NEUTRO X ROSA (in...

30 FIO DENTAL X FITA DE...

CHEIRO LIMÃO DA MINA...

...MÃ

...guntas p/ família

...TRO DE

CE...

entrevista com **ANTONIO NÓBREGA**

Antonio Nóbrega é músico, dançarino, ator e pesquisador. Dirige o Instituto Brincante, em São Paulo, idealizado por ele e por sua mulher, Rosane Almeida.

ANTONIO NÓBREGA: Abrindo a conversa, acho que é pertinente dizer que eu nunca pensei sobre a palavra gesto. Mais do que gesto, ou gestualidade, tenho pensado, dentro da dança brasileira, em vocabulário ou léxico, e temperamento ou "jeitão" característico. Ou seja, um vocabulário ou léxico com o qual eu me movimento dentro de certo temperamento ou "jeitão". Esses são os dois elementos impulsionadores mais importantes da dança com a qual trabalho. É no encontro do vocabulário com esse temperamento que vou encontrando o que poderia ser uma gestualidade ou dança brasileira.

DANI LIMA: É interessante porque você fala de uma gestualidade ligada ao brasileiro, que seria um vocabulário impregnado de...

AN: Meneios, saracoteios, molejos, requebros, caídas etc. São esses procedimentos que, a meu ver, dão legitimidade à gestualidade brasileira. Nós percebemos, por exemplo, a natureza da dança clássica europeia, e por conseguinte a sua gestualidade típica. O flamenco, o katakali, cada qual tem a sua gestualidade própria a partir dos seus léxicos particulares e da maneira com a qual eles se movem dentro de um certo temperamento.

CHRISTOPHE WAVELET: Qual é a relação entre atitude e gesto? Por exemplo, você tem uma postura — que é uma atitude — e faz gestos com as mãos falando com a gente. Não dá para separar a postura, a atitude e o gesto porque estão ligados dentro de um mesmo corpo, no espaço-tempo. Mas eu posso ver, separadamente, a sua postura, a sua atitude e identificar os gestos que você faz com as mãos.

AN: Eu penso que o gesto é uma espécie de materialização da atitude. Ou melhor, a sua movimentação. A atitude parece ser algo mais psíquico, enquanto o gesto tem uma ligação dinâmica com o corpo que extravasa a

atitude psíquica. O gesto complementa o movimento, seja ele um passo, um salto, um giro etc. Mas, voltando, eu acho que não é difícil identificar uma certa gestualidade brasileira. Eu diria uma gestualidade que tem a sua história dividida entre a nossa tradição greco-latina-judaico-bárbaro-cristã e a nossa tradição índio-africano-ibero-popular-mediterrânea. Não percebemos ainda a cultura popular como resultado de uma linha de tempo cultural, com história e desenvolvimento próprios. O conceito redutor de cultura popular a ela atribuído é, no meu entender, vago, simplista, ambíguo. No geral, nós nos consideramos culturalmente ocidentais. Pessoalmente, não gosto dessa atribuição que nos damos e que nos é dada muitas vezes. Eu me sinto tão africano — apesar de ser de cor branca — quanto europeu... Deveríamos nos orgulhar de sermos latinos ou sul-americanos. Vivemos abaixo da linha do Equador. Esse é o nosso território anímico e espiritual. Acho que a cultura que vem se elaborando nesses mais de cinco séculos de sincretismos, fusões e mestiçagens é uma cultura cujo tempo psicológico e espiritual é particular. É fruto desse casamento, cuja herança é a de um tempo psicológico mais liquefeito. Consequentemente, o universo simbólico — dentro do qual a arte é um dos seus maiores reflexos — é grávido desse tempo. Eu vejo isso facilmente na música e no corpo de quem dança. Na música europeia o tempo tônico, acentuado na cabeça do compasso, geralmente marca uma presença muito forte. A síncope usada pelo Barroco é uma síncope acidental. Na música brasileira ela faz parte da mecânica, da própria estrutura de nossa música. A impressão que eu tenho do tempo sincopado é que ele se rebelou contra a tirania do tempo excessivamente masculino na música. É como se fosse um tempo musical feminino que quer ter maior representatividade dentro do território da música e, principalmente, do da dança. Na minha arte aquilo que mais me interessa desenvolver é essa dimensão do encontro entre essa nossa necessidade do "tempo tônico, masculino", e a nossa necessidade do "tempo átono, feminino". Na minha visão, a canção popular brasileira representa um desses momentos de encontro. Quase toda a obra de Villa-Lobos e de Guimarães Rosa também. Na nossa dança raramente houve esse encontro. Vivemos um caso esquisito de mútuo desinteresse. Por um lado existe a dança de extração europeia ou ocidental — dança ou balé clássico, dança moderna, dança contemporânea — e por outro, a chamada dança popular ou folclórica. Esses dois universos não interagem, não se friccionam. No meu entender a dança brasileira, e não a dança feita no Brasil — coisas diferentes —, devia ser a representação do imaginário dessas duas linhas de tempo cultural que nos formaram. Ela só poderá legitimar-se a partir do encontro de suas duas naturezas. Não é assim no caso da literatura, do cinema, das artes plásticas etc.?

DL: Você enxerga no gesto das danças populares brasileiras também essa ideia de síncope? Como vê a ideia de jogo, de brincadeira, na capoeira e nas danças populares?

AN: Quando lemos ou ouvimos as palavras gingados, saracoteios, requebros, caídas etc., estamos nos encontrando verbalmente com aquilo que, nas danças populares, se materializa pelos movimentos sincopados. A síncope desloca a acentuação musical para os tempos ditos fracos. Na música europeia, quando solfejamos, por exemplo, oito semicolcheias, acentuamos sempre a primeira nota de cada quatro. Se o músico brasileiro cantarolar essa sequência, principalmente se for um músico que tenha a vivência do choro, do baião ou do samba, vai cantar diferente, vai deslocar as acentuações para outros lugares. E é claro que o meu corpo, dançando, vai responder aos impulsos dessa acentuação rítmica. Esse tempo sincopado, por um processo histórico muito interessante, se firmou em quase todos os gêneros da nossa música e, por conseguinte, da nossa dança e na psicologia do povo brasileiro. Onde identificamos isso? Identificamos no processo de formação do choro, por exemplo, um gênero musical nascido do encontro de nossas matrizes rítmicas com a polca, um gênero musical não sincopado que nós sincopamos para transformar no choro. A própria palavra choro é muito significativa; uma palavra líquida, uma palavra molhada para uma dança que também se externa de maneira liquefeita. Outro exemplo é o do frevo, que, musicalmente falando, é uma espécie de abrandamento ou feminização da marcha militar. Todos esses processos foram realizados inconscientemente. Falta-nos entender por que isso se processou assim. Qual é a origem mais remota desse processo? Tenho muita vontade de aprofundar essa questão.

Um dia desses, eu estava revendo aquele vídeo do William Forsythe, Solo, de 6 minutos, que é muito bonito. Mas veja: por mais que pareça que ele esteja quebrando ou remodelando o pensamento estético da dança ocidental que ele representa, ele não consegue. O elemento geométrico, antissinuoso, por assim dizer, cartesiano, marcado, está sempre por lá. Na história da dança ocidental, o que era "torto" não existia para a dança, era, metaforizando, colocado para debaixo do tapete como sujeira, ou seja, ficava guardado nos porões do nosso inconsciente. A certa altura esse porão começou a ficar entupido de "sujeiras", ou seja, esse inconsciente começou a gritar, começou a nos dizer que o "torto", o grotesco, o não linear ali alojado precisava vir à tona. Para mim o rock é uma manifestação dessa natureza. No caso da dança, é quando aparecem aqueles que vão se rebelar contra esse estado de coisas: Isadora Duncan, a dança moderna, a contemporânea. No meu entendimento, eles não conseguem quebrar o padrão ocidental da dança, tanto isso é verdade que muitos deles recorrem a outras tradições culturais para se subsidiarem, principalmente às asiáticas. Para o europeu essa mudança é muito difícil de ser feita. Porque o problema não é só com o corpo, é também, e sobretudo, com a psique. Não creio que haja muita diferença entre a dança clássica e a dança contemporânea, cujo sentido de criação está amordaçado ao conceito, ou seja, ao princípio masculino... Bem, nós, além de também enfrentarmos esse desafio — teimamos ainda em sermos europeus ou americanos —, enfrentamos o

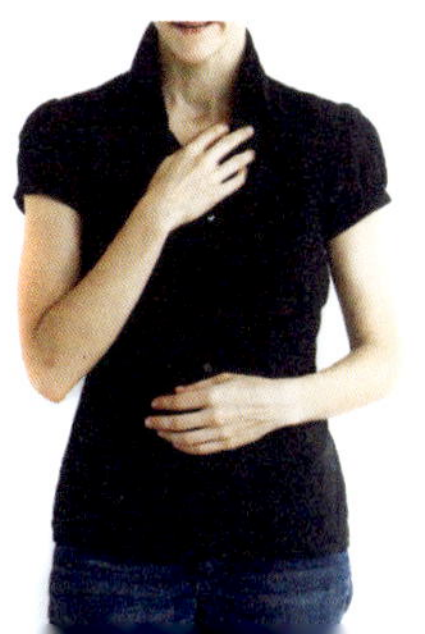

problema de não saber como tratar ou assimilar as matrizes populares. Eis a nossa dificuldade e o grande desafio: encontrar o ponto de equilíbrio, de complementaridade entre os opostos dessas duas linhas de tempo cultural. Por exemplo, como absorver da dança clássica europeia os seus princípios, a meu ver universalizantes, e não os seus maneirismos e formas que só têm sentido dentro do rigor do seu próprio código? Cada dia descubro como é inteligente a dança clássica e, ao mesmo tempo, penso, temos de entender bem essa sua inteligência para não cairmos em sua teia de armadilhas. Mas essa não é uma tarefa fácil. De certa maneira, posso até dizer que essa é uma daquelas tarefas que estou tentando responder com a minha vida.

DL: Vendo o seu movimento enquanto você falava, pensei no que a gente chama de ginga, de malandragem, essa espécie de sinuosidade provocativa muito atrelada à imagem culturalmente construída do brasileiro. Fiquei pensando em que medida isso tem relação com o que você começou falando, sobre a desobediência, se seria uma forma de driblar as regras e formas estabelecidas.

AN: A figura do malandro configura no Brasil um determinado arquétipo. Gesto e psique andam juntos nele. No Brasil, a representação desse arquétipo está ligada também aos tipos picarescos que inundam a literatura popular brasileira, principalmente pela vertente da literatura de cordel. Ele é irmão do João Grilo, do Pedro Malasartes, do Cancão de Fogo, do João Quengo. É uma vasta tipologia. São mistos de figuras astuciosas, brincalhonas, marotas, labiosas, cheias de ardis... E para ser tudo isso tem que ter uma competente gestualidade para safar-se bem das dificuldades e adversidades. Tem que ter um corpo sincopado... Porque o malandro existe de verdade. O bom malandro é gafieirista, é também capoeirista, é filho de algum santo. Ou seja, a dança, a gestualidade popular brasileira, está visceralmente dentro dele. E cada um de nós, brasileiros, aqui e acolá, exercitamos um pouco do jeito malandro que a cultura nos deu.

CW: Você fala da síncope como elemento estrutural do corpo, das danças, da cultura brasileira. Eu cresci na África, tive contato com várias culturas da África subsaariana, e isso pertence a todas elas. Eu não tenho o conhecimento do Brasil que você tem, mas identifiquei rapidamente, quando cheguei aqui, há dez anos, que o Brasil é o resultado histórico de várias mudanças e transformações entre culturas brancas, negras e indígenas. Tudo isso misturado com a história da colonização e de várias imigrações. O índio é o elemento mais disfarçado para mim, o mais reprimido. Há culturas bastante diferentes neste país, e, num certo momento, eu fiquei me perguntando: o que liga todas essas culturas diferentes? A cultura de Porto Alegre e a cultura de Belém, *a priori*, não têm nada a ver uma com a outra, mesmo os corpos são extremamente diferentes. Mas existem lógicas que ligam todas essas pessoas. Para você, com relação à questão do corpo, do movimento, do gesto, o que essas culturas têm em comum?

AN: Essa é uma boa e grande questão. Acho que no território da cultura temos uma unidade desuniforme. Os espetáculos populares, por exemplo, têm presença em todo o país com elementos que dão unidade a eles. Reparem que eu disse unidade e não uniformidade, o que faz muita diferença. O boi-bumbá do Maranhão, o cavalo marinho da Zona da Mata pernambucana, o Reisado carirense, o boi de mamão de Santa Catarina são espetáculos que fazem parte de uma mesma família de manifestações culturais das artes do tempo. Embora guardem diferenças e sotaques locais ou regionais, esses espetáculos têm em comum as suas características essenciais: brincantes que dançam, tocam, cantam, que representam se utilizando de máscaras etc. E o mais importante: fazem tudo isso dentro de um temperamento e padrão cultural comum a todas porque, em primeiro plano, está o rítmico sotaque sincopado da dança e da música, construído ao longo de mais de quatro séculos de fusões e sincretismos. É por isso que, a meu ver, o boi de Parintins lembra as folias de reis fluminenses que lembram os moçambiques mineiros, que lembram os Maracatus pernambucanos. Temos de estudar mais o Brasil para sabermos como isso se processou. Mas o fato é que temos um país tão diverso quanto uno. Quer ver outro exemplo dessa unidade? Os batuques. Eles marcam presença em todo o país. Com peculiaridades regionais e diferentes nomes esse gênero de manifestação se acha presente em todo o país. Coco de roda, no interior de Pernambuco, Alagoas e Paraíba; coco de zambê, no Rio Grande do Norte; samba rural, na Bahia; tambor de crioula, no Maranhão; jongo, no Rio; batuque, em São Paulo; carimbó, no Pará etc. A capoeira é outra dessas nossas manifestações culturais presentes em todo o país. Não é um milagre que isso possa ter acontecido?

CW: Antes da globalização, houve um processo histórico que aconteceu no Brasil e em muitos países do mundo: o processo de urbanização. A tradição do boi nasceu, claro, antes de as pessoas se mudarem do interior para as grandes cidades. Como o processo histórico de urbanização mudou essas tradições? O que está mudando dentro desse processo histórico e também no corpo brasileiro, na gestualidade brasileira?

AN: Se existe um corpo brasileiro, esse corpo é sobretudo um corpo popular. Por mais estereotipadas que essas representações sejam, são os corpos do sambista, do capoeirista, do chamado malandro, que marcam o nosso jeitão corporal coletivo de ser. São representações corporais inflacionadas, mas que dão um pouco da medida de nossa natureza tanto corporal quanto anímica. Consequentemente, a nossa gestualidade cotidiana também recebe a marca

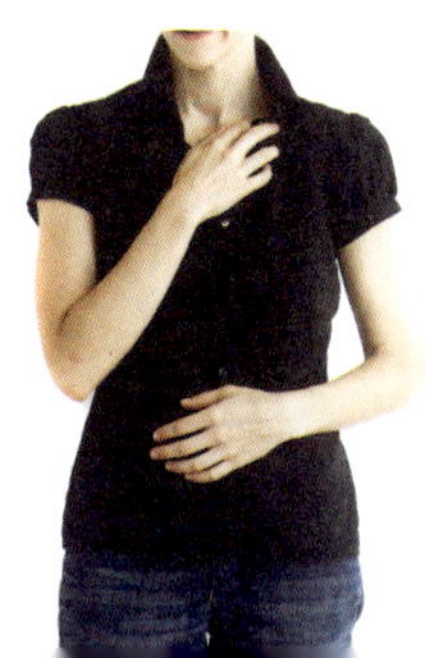

desse temperamento. O sistema-mundo globalizado em que vivemos, carregado de tensões, pressões, espírito de competitividade etc. tende, a meu ver, a secar essa, digamos, característica "molhada" do corpo brasileiro. Aí vão ficando só os estereótipos. As nossas características e qualidades anímicas traduzidas pela nossa natureza corporal vão se diluindo. É difícil de elas se manterem diante da excessiva carga de informação, ao contrário. Vocês já viram o bombardeio de espetáculos, shows de música, festivais internacionais etc. apresentados no Brasil ultimamente? Os Lollapaloosa — é esse o nome? —, os Rock in Rio, eles não só expatriam um pouco dos suados reais do brasileiro, como vão apagando, diluindo ou substituindo os nossos valores e conteúdos anímicos, construídos ao longo de nossa trajetória histórica e cultural, por outros que os contradizem. Normalmente, cada nação tem um patrimônio cultural a zelar. Nós ainda não temos esse zelo. Falta-nos essa amorosidade em relação ao patrimônio cultural brasileiro. Temos um enorme capital simbólico que, a meu ver, está se diluindo constantemente. Percebo que o brasileiro médio pouco está se lixando para isso, ele se identifica muito mais com a ideia de americanizarmo-nos cada vez mais. Aliás, o brasileiro gasta cada vez mais fora do seu país. Sai do Brasil até para comprar enxoval para recém-nascido... É de um nível de inconsciência terrível e alarmante.

CW: Como você se relaciona com a herança do índio, com o elemento indígena, que me parece um pouco mais oprimido?

AN: É de certa maneira consensual que, de modo geral, as heranças negras e ibéricas se plasmaram com mais intensidade dentro do que entendemos por cultura brasileira. Afirmar isso não é dizer que a cultura indígena representa pouco. Mesmo porque ainda não aprendemos de todo a lição indígena. Tenho para mim que ela ainda tem muito a nos ensinar, e que o melhor dela ainda está por ser assimilado. Mas isso é o tempo que vai dizer.

CW: Será que a gestualidade, a corporeidade indígena, é recalcada, negada, na cultura brasileira, nas danças brasileiras, nas músicas brasileiras, ou não? Em relação a todas essas danças e músicas que você pesquisou durante anos, em que momento poderia identificar esse elemento que pertence às culturas indígenas?

AN: Não acho que ela tenha sido recalcada. Acho que ela simplesmente não foi suficientemente assimilada. Mas veja: a presença indígena existe. No coco de roda, a forma circular da movimentação da dança eu creio que seja indígena. E é claro que sua presença não se restringe a isso.

DL: E sobre o jogo, a cultura da brincadeira, em que medida a ideia de jogar, de brincar, de provocar, que está na capoeira e nas danças populares, faz parte do gesto brasileiro?

AN: Certamente esse é outro grande tema para se pensar. O espírito de jogo ou da brincadeira é de uma presença extremamente significativa nas manifestações populares brasileiras. Não é à toa que os espetáculos são chamados de brinquedos ou brincadeiras e os que participam dessas brincadeiras são chamados de brincantes e, em alguns lugares, de folgazões. Tem um livro extraordinário sobre esse tema de um holandês chamado Johan Huizinga. O nome do livro é *Homo Ludens*.[1] É um grande estudo sobre o espírito do jogo que podemos identificar como a brincadeira. A primeira coisa que ele nos diz é que o espírito da brincadeira precede a cultura, ou seja, a cultura veste o princípio do jogo que está presente até nos animais. Todo mundo já deve ter visto a brincadeira dos gatos e dos cães, principalmente quando são bem jovens. Huizinga alinha algumas das características da brincadeira que podemos facilmente encontrar na maioria de nossas manifestações populares. A poesia popular brasileira é o exemplo mais bem-acabado do que nos fala Huizinga. É através do espírito da brincadeira que os poetas populares brasileiros saem da simples quadrinha — uma estrofe constituída de quatro versos, de sete sílabas, com rima entre os versos ímpares — para chegar ao galope à beira-mar — uma estrofe de dez versos, de 11 sílabas, onde cada verso rima com outro separadamente —, uma estrofe altamente complexa e... erudita!

1. Huizinga, Johan. *Homo Ludens — O jogo como elemento da cultura*. São Paulo: Editora Perspectiva, 2008.

CW: Dentro da história do cinema documentário brasileiro há arquivos importantes em relação às tradições coreográficas e musicais?

AN: Não. Infelizmente não há muita coisa até a década de 1980. A partir dessa data eu acho que já há um material significativo. Na primeira metade do século XX, o trabalho de registro mais importante é, sem dúvida, o da missão de pesquisa organizado por Mário de Andrade. O repertório de música gravada é maravilhoso, bem como as imagens em movimento. Pena que elas não estejam coladas entre si. Talvez não houvesse tecnologia disponível para isso na época.

CW: Quando você olha para esses filmes de 1937, do Mário de Andrade, os corpos e os gestos que você pode ver são muito diferentes dos de hoje? Quais são as maiores diferenças, em relação às mesmas danças, que você pode identificar entre hoje e os anos 1930?

AN: Pelo contrário. Aquelas danças são muito próximas das que vi, estudei e assimilei. Algumas delas evoluíram no que diz respeito à complexidade dos movimentos, como é o caso dos caboclinhos. Mas tudo o que vejo lá reencontrei nas minhas andanças e estudos. Onde houve uma diferença grande foi na indumentária. O espírito da escola de samba contaminou alguns dos nossos folguedos. O boi de Parintins é um deles. O caboclinho, numa escala bem menor também. De uns anos para cá o caboclinhos ficou numa magnificência

extraordinária. O povo brasileiro tem também uma fixação muito grande pelo aspecto plástico visual. No guerreiro alagoano, alguns dos seus personagens carregam aqueles chapéus-catedrais extraordinários. No boi-bumbá do Maranhão as figuras também são de uma beleza plástica estonteante.

Mas o que eu tenho de mais importante para dizer é que essa cultura corporal não foi construída da noite para o dia. Temos de pensar que as nossas danças e manifestações nas quais o corpo tem uma marcante presença se formaram a partir do encontro dos estoques culturais das várias famílias culturais indígenas, africanas e ibero-populares. A origem desses imaginários se perde pelas idades do tempo. Bem, é da junção, fusão ou sincretismo desses estoques — ou da colagem dos fragmentos desses estoques — que vai surgir esse caleidoscópio de danças e manifestações corporais de uma riqueza extraordinária. Teimamos em não levar a sério esse repertório de passos, saltos, giros, gingados, molejos, requebros, saracoteios, meneios etc. A palavra "folclore" ou as palavras "cultura popular" estão sempre à mão para abrigar e apequenar conceitualmente esse universo. Prefiro dizer que o Brasil só vai existir verdadeiramente quando levar em conta, de verdade, as duas linhas de tempo cultural que nos fundaram e formaram. O corpo pode ser um grande elemento catalisador desse encontro. Estamos num momento onde aprofundamos esse casamento ou perderemos o fio de nossa história cultural tão bem-construída por intermédio das obras de Ernesto Nazareth, Villa-Lobos, Guimarães Rosa, Caymmi e tantos e tantos outros. Oxalá o corpo, no alvorecer desse novo século, seja a bandeira desse entendimento...

ACORDAR
SEGURAR
BATER
GRITAR
GALOP
11. Deleitada
43. Estaca
14. Rápida
pânico da dis
46. Um pouco
17. Suspirando sôfre
triste
19. incisivo
20. incisiva tamb
23. com breve
25. duro
26. sôfrego
Paz

entrevista com **CHARLES FEITOSA**

Charles Feitosa é doutor em filosofia pela Universidade de Freiburg i.B./ Alemanha; professor do Departamento de Filosofia e pesquisador do Programa de Pós-graduação em Artes Cênicas da UNIRIO; coordenador do POP-LAB (Laboratório de Estudos em Filosofia Pop).

DANI LIMA: Charles, sabemos que você tem estudado a obra do filósofo Vilém Flusser, que tem toda uma pesquisa sobre o gesto. Você poderia falar sobre a questão do gesto na obra de Flusser e de que forma isso reverbera na sua prática filosófica?

CHRISTOPHE WAVELET: Você encontrou a questão do gesto por intermédio da obra de Flusser?

CHARLES FEITOSA: É, foi por meio do primeiro livro que eu conheci dele, em alemão, o que, aliás, é um paradoxo, porque ele é um filósofo que pensa em português[1] e eu o conheci na Alemanha. Um colega me apresentou: "Olha este livro aqui, *Gesten*[2] [Gestos]." Na época o que mais me interessou foi uma certa abordagem filosófica do cotidiano, o que não é muito comum em filosofia. A filosofia costuma trabalhar questões supergrandiosas como liberdade, justiça, e Flusser, nesse livro, trabalha gestos bem banais, como o gesto de fazer a barba, o gesto de ouvir música, o gesto de plantar, o gesto de fumar cachimbo, e por aí vai... Eu percebi que tinha toda uma teoria por trás, mas na época eu estava fazendo um trabalho sobre Heidegger e deixei aquilo de lado. Quando voltei ao Brasil, comecei a dar aulas nas artes cênicas [Programa de Pós-graduação de Artes Cênicas da UNIRIO] e a me interessar por essa relação entre filosofia e dança, entre filosofia e artes da performance, com o *link* corpo. Então, recuperei a leitura desse texto e dei um curso sobre ele. O livro, curiosamente, foi pensado em português, mas boa parte dos manuscritos se perdeu e o que a gente tem é uma versão em francês e uma em alemão.

O meu interesse, no início, tinha a ver com essa abordagem do cotidiano. Eu me lembro de ter dado um curso especificamente sobre o gesto de fazer a barba, que é um gesto cotidiano para os homens. Mas é possível pensar nessa coisa cosmética como um gesto cotidiano para todo mundo. Todo mundo, antes de sair de casa, faz algum tipo de organização corporal. Eu nunca tinha visto isso ser pensado filosoficamente, mas já vi sociologicamente, antropologicamente, e Flusser faz essa interpretação muito interessante dizendo que

1. *Flusser se naturalizou brasileiro e viveu muitos anos no Brasil.*

2. Flusser, Vilém. *Gesten: Versuch einer Phänomenologie.* Frankfurt am Main: Fischer Taschenbuch/ Verlag, 1997.

se trata de um gesto cosmético. A gente normalmente imagina que fazer a barba é uma forma de liberação do rosto, uma forma de exposição, de exibição, e ele justamente interpreta num sentido oposto, dizendo ser um gesto de demarcação de fronteira, mostrando que o gesto de fazer a barba é um modo cotidiano não pensado, não tematizado de dizer: "Eu estou aqui, o mundo está ali e eu não quero entrar em contato ou me envolver com isso." É um gesto que pressupõe uma ontologia cartesiana: sujeito e objeto separados. Flusser explica que o que ele faz não é uma ciência rigorosa, não é uma leitura fisiológica ou psicológica do corpo, são hipóteses, experimentos. Uma maneira de mudar a nossa perspectiva sobre coisas que são muito próximas e familiares. Ele fala coisas muito engraçadas, como, por exemplo, em geral, a pessoa que tem barba se mistura mais com o mundo, o mundo fica preso na barba. Aliás, eu deixei a barba crescer e, de fato, quando comia, tomava um sorvete, ficava essa coisa meio nojenta, mais de envolvimento com o mundo. Flusser interpreta o gesto de fazer a barba e os gestos cosméticos em geral, de autoembelezamento, como gestos de auto-organização. Todos eles baseados no princípio de separação, de demarcação de espaços diferentes. Ele acha que há uma conotação política, há uma relação entre esse simples gesto de fazer a barba e certas políticas urbanas.

Na época em que dei o curso, fiz uma relação com o fato de o prefeito do Rio de Janeiro querer construir um muro separando a favela do asfalto. Isso era até justificado com um argumento estético, de proteção, mas na verdade era um gesto de demarcação. A teoria de Flusser é que as políticas de urbanismo, em geral, são baseadas nessa ideia de separação de territórios. Constrói-se um muro na Linha Vermelha, um muro acústico, supostamente para proteger os moradores da área do barulho dos carros, mas na verdade é para esconder uma realidade que está presente — a favela — dos visitantes e dos turistas. Flusser chega a dizer que fazia muito sentido que os nazistas tivessem sempre o rosto bem-escanhoado, faz parte dessa ideia de demarcação com o mundo pressupondo uma cultura autoritária. E também, assim, simbolicamente, faz sentido que os terroristas, os guerrilheiros em geral, tenham uma barba muito grande, porque eles querem mudar o mundo e não impor um tipo de mundo específico. Isso não quer dizer que quem não tem barba é nazista, não é isso, mas a ideia é que isso faz parte da estética corporal, que é um conjunto de aspectos, uma dimensão estética da política e uma dimensão cotidiana também. O que me interessou muito no livro de Flusser, a princípio, foi a capacidade de perceber nessas coisas banais questões que são muito mais amplas.

Flusser tem uma teoria sobre o gesto que é muito interessante e eu acho que pode ser aprofundada e ampliada. Ele diz que os gestos só podem ser explicados negativamente, que o gesto é um movimento corporal cuja causa não se pode descobrir, e isso é o que o define. Todos os outros movimentos corporais nos quais se consegue identificar o que os motivou não se enquadram nessa categoria. É uma espécie de teleologia negativa do gesto. Se alguém

CHARLES FEITOSA

espeta o meu braço e eu o mexo, tenho aí uma causa, uma reação mecânica. Mas não dá para explicar muito bem determinados movimentos porque eles expressam a liberdade daquele que o está produzindo. Tem a ver com uma intenção, e muitos dos movimentos corporais, principalmente no cotidiano, não têm nenhuma intenção expressa. Os gestos da arte também não têm intenção. Então Flusser divide os gestos em quatro categorias: os gestos comunicativos, que são aqueles direcionados para os outros, quando eu aceno ou cumprimento alguém — gestos de aproximação ou de afastamento, mas voltados para o outro —; os gestos de trabalho, que são movimentos de transformação das coisas, como cozinhar, fritar um ovo; e existem gestos que ele chama de ritualísticos, que são um subgrupo dos gestos de trabalho porque modificam a pessoa que os está praticando. São também gestos de transformação, mas não das coisas e sim da própria pessoa. Ele fala de ler como um gesto de transformação de si próprio. Esta é uma perspectiva completamente diferente para um gesto supercotidiano que é o da leitura. Ele também descreve viajar como um gesto que muda a pessoa. É lógico que vai depender do modo como se viaja, se for só como turista para tirar fotografias, não necessariamente a pessoa está se modificando. E ele diz, finalmente, que existem gestos que não têm nenhuma utilidade explícita. Esses podem ser os de brincar, das crianças, mas também se inclui nessa categoria os gestos artísticos, cuja única finalidade é a realização do próprio gesto, sem a intenção de produzir algo.

E nesse livro — sabendo que esse esquema é precário, que é só uma aproximação —, Flusser faz uma descrição de vários desses gestos associados à sua teoria sobre a mudança das tecnologias. Ele fala, por exemplo, sobre o gesto de escrever, sobre o que significa escrever com a mão, escrever no teclado, e em que medida a transformação desse meio implica a transformação do modo de pensar e no próprio modo de existência. Se você colocar um macaco mexendo no teclado de uma máquina de escrever ou de um computador, isso não é escrever; se você colocar uma secretária digitando um texto que seu chefe mandou transcrever, isso também não é escrever. Escrever é esse movimento corporal, às vezes envolvendo instrumentos, que expressa a liberdade humana. Mas nem sempre temos consciência de todas essas implicações. De um lado a gente se diz através dos gestos, mas muitas vezes são os gestos que nos dizem, a nossa identidade é construída com gestos construídos culturalmente, e por aí vai. Há uma interpretação muito interessante que Flusser faz do gesto de plantar, por exemplo. Ele diz que plantar é considerado algo bonito nessa época de ecologia. Todo mundo planta como um gesto de resistência à técnica, mas plantar é o primeiro gesto técnico da humanidade, é a primeira relação de dominação da natureza. Há toda uma perversidade nesse gesto, você só planta onde não há floresta, então para plantar você vai ter que destruir a natureza. E há na lógica do plantar o exemplo mais radical do cálculo típico do pensamento técnico, que é jogar uma semente no buraco e ficar

aguardando a natureza trabalhar para você e produzir aquilo que você está esperando. E então ele faz um superelogio ao ato de caçar, ao contrário também da nossa interpretação inicial — que caçar seria violento — ele diz: "Não, caçar não é um gesto de dominação, de violência contra a natureza." Ele não está falando da caçada profissional, do sujeito que fica numa van atirando de longe. A ideia de Flusser é que quando alguém caça, entra no ritmo da natureza, corre riscos, pode sofrer um acidente, pode virar a presa, a caça. Nisso há um jogo imponderável, imprevisível que é muito mais harmônico com a natureza do que o gesto de plantar. Nesse sentido, ele vai fazendo uma análise desses gestos, sempre propondo uma perspectiva completamente diferente.

Eu tentei fazer uma relação com a dança pensando principalmente no que acho importante, na suspensão da funcionalidade, da utilidade, que acontece na arte. É o que Agamben chama de profanação. Agamben diz que o artista profana o sentido tradicional das coisas. O urinol era feito para uma determinada função, Duchamp o retira dessa função, muda o contexto e o libera. Eu imagino que na dança isso também aconteça, de alguma maneira. São movimentos corporais em que você está livre dessa funcionalidade. Sempre comparei, por exemplo, a filosofia com um movimento que é muito importante na dança, que é o giro de 360 graus. Gosto de falar para os alunos imaginarem alguém andando na rua e fazendo um giro de 180 graus. Essa pessoa muda a direção e a gente imagina: "Ah, ela deve ter esquecido alguma coisa ou descobriu que estava na direção errada." Mas se a gente visse alguém no meio da rua de repente dar um giro completo de 360 graus e continuar andando, a gente acharia que essa pessoa está maluca, porque o giro de 360 graus não tem utilidade na vida cotidiana, é um gesto sem uma finalidade. A arte e a dança vivem desses gestos que não têm uma finalidade específica. Tanto na dança de salão quanto na dança como arte, a pirueta, o giro, é uma das coisas mais prazerosas e efetivas esteticamente. E eu acredito que a filosofia também tem essa ideia de ser um giro de 360 graus. Quer dizer, pensar é um gesto em que suspendemos um pouco as funcionalidades cotidianas e entramos numa outra dimensão, não numa dimensão fora do tempo, mas é uma experiência de um outro tempo.

CW: Como foi a formação de Flusser?

CF: Interessante. Flusser tem uma história muito interessante e bonita. Ele viveu até os 20 anos em Praga e fez graduação em filosofia. Mas foi obrigado a sair de sua cidade natal por conta da ocupação nazista. Então fugiu de Praga em 1940 e escolheu o Brasil para morar. Eu costumo brincar que ele é mais brasileiro que nós, porque nascemos aqui por acaso e, não sei, se pudéssemos escolher, se todos escolheríamos viver aqui. Ele escolheu vir morar no Brasil e morou aqui de 1940 a 1972, mais de trinta anos. A formação dele durante esse período é toda autodidata. Flusser teve de sair do Brasil por conta da ditadura militar. Vários amigos tinham sido presos e mesmo que ele não tivesse essa coisa mais marxista, comunista, era um cara crítico, e um incômodo também. Voltou para a Europa em 1972, e na sua autobiografia ele diz que essa foi uma experiência mais pesada, mais sofrida que o exílio de Praga. Porque ele tinha escolhido morar no Brasil, acreditava no projeto cultural brasileiro, tinha uma relação otimista, inclusive, com a via que o Brasil podia apresentar. Na Europa ele escreveu um livro sobre a cultura brasileira que se chama *Fenomenologia do brasileiro*,[3] e é uma das raras interpretações filosóficas da cultura brasileira, do pensamento brasileiro, tanto do cotidiano quanto da produção artístico-cultural. Na França, ele continuou a trabalhar cada vez mais com essas questões ligadas à fotografia, à tecnologia, e foi nessa época que elaborou o livro sobre os gestos [*Gesten*], composto por textos de épocas diferentes, escritos entre 1975 e 1985, mas publicado somente após sua morte em 1991.

3. Flusser, Vilém. *Fenomenologia do brasileiro.* Rio de Janeiro: Editora UERJ, 1996.

Fora do Brasil, Flusser é muito lido, discutido, há vários colóquios sobre ele, sua obra está sendo publicada organizadamente. Aqui, ele é relativamente pouco conhecido; isso está melhorando, mas na filosofia, principalmente, ele é ignorado. Porque o que ele fez é meio fora do padrão... Ao mesmo tempo era muito competente, era um cara que leu muito, que tentava pensar o que estava acontecendo. Eu costumo dizer que Flusser é o primeiro filósofo pop, eu gosto muito dessa expressão "filosofia pop", de Deleuze. Ele é pop no sentido de que pensa tanto as grandes questões quanto as questões cotidianas, não faz separação, ele vê como elas se conjugam. Quando voltou do Brasil para a Europa, escreveu um livro chamado *The Freedom of the Migrant*[4] para falar da experiência terrível que viveu ao ser obrigado duas vezes a deixar sua casa. A pior delas foi ser obrigado a sair do Brasil. O interessante é que ele começa a fazer uma descrição do gesto de migrar, que é diferente do gesto de fugir. O gesto de fugir é quando, por uma ameaça ou por condições adversas, alguém é obrigado a sair de um lugar, sai revoltado com isso, e muitas vezes tenta reproduzir, no novo lugar para onde vai, a pátria antiga que perdeu. Fica preso às raízes. Flusser fazia sempre uma brincadeira na qual dizia que o homem não é planta, o homem não tem que ficar ligado à raiz. A raiz não tem nada de positivo, o legal do homem é o desenraizamento, é isso que constitui a nossa humanidade. Migrar é uma experiência terrível, mas é uma oportunidade também de conhecer nossos territórios, ampliar as perspectivas, e foi um pouco o que ele fez.

4. Flusser, Vilém. *The Freedom of the Migrant: Objections to Nationalism.* Illinois: University of Illinois Press, 2003.

Mas Flusser não pensa isso só territorialmente, geograficamente. Ele fala que nós todos estamos sendo exilados do mundo da linearidade para o mundo da plurilinearidade, da rede, do irradiado. Para muita gente isso é uma violência, não sabemos o que fazer nesse processo de exílio. Na nossa cultura, na qual as pessoas estão vivendo mais, muita gente está sendo exilada do território da juventude para o território da velhice. E Flusser diz que isso é terrível, porque o território da juventude está sendo valorizado, e não tem jeito,

todos vão ser empurrados para o território da velhice, quer queira, quer não, isso é um exílio. Você tem de escolher se vai fugir ou se vai migrar para esse novo território aproveitando as oportunidades. Ele tinha muita fé no Brasil da década de 1970. O livro *Fenomenologia do brasileiro* é basicamente construído sobre a seleção de futebol de 1970, que ele achava um espetáculo. Flusser dizia que os brasileiros tinham a oportunidade de fazer algo diferente pela cultura, de dar uma contribuição diferente. Dizia que a Europa estava decadente — essa coisa histórica de progresso e revolução — e que o Brasil não era tão ocidental ainda, estava na periferia. Os brasileiros viam isso como uma desvantagem e ele via como uma vantagem. Ele dizia a mesma coisa em relação à tecnologia. A tecnologia está criando um novo ser humano que é uma espécie de jogador, ou seja, alguém que lida com um objeto que tem um programa específico, que pede determinadas atitudes, fala para apertar tais e tais botões. A nossa cultura, essa nova cultura digital, é a cultura da ponta do dedo. O que é interessante aqui é a perspectiva. Flusser não era um conservador de achar que toda tecnologia é ruim, mas acreditava que a gente precisa aprender a brincar em vez de jogar. A diferença entre jogar e brincar, entre esses dois gestos, ele descobriu na análise da cultura brasileira. Flusser achava que os brasileiros inventaram um outro jeito de jogar, que ele chamava de brincar. Essa diferença que existe no português nem sempre aparece nas outras línguas. A definição clássica do jogo é que é uma atividade sem meta para fora dela, é diferente do trabalho. O jogo funciona sempre segundo regras, então joga-se com um brinquedo, com um instrumento, com uma filmadora, com uma máquina fotográfica segundo as regras que eles propõem.

Ele diz — é um pouco exagerado, mas é interessante — que a única maneira que o europeu descobriu de lidar com isso é jogar para ganhar ou jogar para não perder. Jogar para ganhar é arriscar tudo, é colocar todas as coisas em jogo e tentar obter o máximo de prêmios, o máximo de capital, o máximo de resultados. E, é claro, correr o risco de perder tudo. Mas o europeu também desenvolveu a técnica de jogar para não perder, ou seja, arriscar o mínimo possível, não se entregar, não colocar todas as suas fontes, e ao mesmo tempo ter muito poucas possibilidades de ganho. Ele diz, nesse livro sobre o Brasil [*Fenomenologia do brasileiro*], que os brasileiros inventaram o brincar que se define como um jogar com as regras, quer dizer, você não aceita as regras, você brinca com elas, questiona, modifica. Tem a ver com a ideia nietzschiana da criança... Eu tenho um filho de dois anos e dou para ele um carrinho dentro de uma caixa. O carrinho é um brinquedo com o qual a gente joga, o carrinho dá regras e possibilidades. Mas meu filho vai e brinca com a caixa de onde vem o brinquedo, transforma a caixa numa nave espacial, num forte apache, inventa outras possibilidades, modifica as regras. Flusser achava que havia isso no Brasil, baseado na seleção brasileira de 1970. Ele dizia que a seleção não jogava futebol, mas brincava futebol. Não estava tão preocupada com a meta de fazer o gol, mas tinha todo o prazer de jogar, de brincar de uma forma diferente com a bola, e achava que era isso que a gente precisava aprender a fazer naquele momento. Talvez se ele visse a seleção atual, ficasse decepcionado... Mas Flusser dizia que o Brasil tinha que decidir se queria se tornar europeu, entrar no ritmo da história europeia, ou se queria fazer a sua própria história. E me parece que nesses últimos quarenta anos o Brasil está mais na direção de tentar se inserir na história do Ocidente.

CW: Eu assisti recentemente, a Dani também, à peça *As bacantes*, do Zé Celso. Eu não vou falar do trabalho do Zé Celso, mas de como o público se *performou* em relação àquilo que estava acontecendo no palco. Você pode trazer qualquer intelectual, qualquer artista de fora, de outra cultura, para assistir a isso, pois acho que não há nada equivalente a esse tipo de experiência em outro lugar.

CF: Interessante.

CW: Claro, o espetáculo era interessante, mas pertence a um momento histórico do teatro, o espetáculo do presente era o próprio público, que se performou, a maneira como o público se relacionava com o palco.

CF: É, isso é um potencial. Eu me lembro de ter assistido a vários shows de um mesmo grupo de rock — vi um show na Alemanha, um na França e aqui —, e foi muito diferente, por causa dessa interação.

CW: Na verdade, a gente ficou até conversando sobre isso, por exemplo, a categoria do coral, da coralidade, na Europa virou um pesadelo por causa do nazismo, porque a cultura alemã — mas também várias outras culturas — tinha esse ideal de coralidade, que virou um verdadeiro puro. O nazismo atualizou isso de um jeito tal que depois desse momento traumático, de fato, nenhuma cultura europeia se relacionou com a possibilidade da coralidade, porque seria um perigo, seria incorporada enquanto perigo. Aqui não é um perigo, é uma realidade do dia a dia.

DL: E da festa.

CF: Um aspecto que Flusser achava muito interessante era o fato de o brasileiro dizer que quer trabalhar até certo ponto, e depois se aposentar e curtir a vida. Ele dizia que para uma perspectiva europeia isso é um absurdo, típico de alguém indolente, de um preguiçoso cuja meta é parar de trabalhar. Pela lógica europeia você tem de trabalhar o máximo possível, sempre pensando na ideia da evolução e do progresso. Ele via nessa frase banal, que é muito comum no Brasil, uma outra relação com o tempo histórico. A ideia de ir até certo ponto, mas depois não fazer nada que seja útil, era para ele positiva,

era outra possibilidade de desenvolvimento cultural, dentro dessa história do brincar. Acho que essas duas coisas coexistem. Por exemplo, conversei com umas pessoas da capoeira e elas me disseram que existe tanto o "jogar capoeira" como o "brincar capoeira". Elas fazem essa distinção. O "jogar capoeira" é quando se tem uma série de movimentos que devem ser repetidos, certos rituais que devem ser reproduzidos, regras que devem ser respeitadas; já o "brincar capoeira" é algo muito mais livre, em que as regras são inventadas. Quer dizer, as duas dimensões, na verdade, existem ainda na cultura.

CW: Depois dessa leitura de Flusser, você investigou outros campos de pensamento em relação ao gesto, seja na antropologia, seja na própria história da filosofia?

CF: O que me interessou no Flusser e que continuei perseguindo foi a ideia dessa mistura entre visível e invisível, materialidade e imaterialidade, que é o que ele descreve em torno do gesto. Eu continuei trabalhando nisso, na maneira como pensamento e percepção, no corpo, comparecem o tempo todo. Essas coisas não podem ser separadas. Eu tenho trabalhado de diversas maneiras e sempre sobre essa questão. A princípio pensei ser só um problema teórico, da tradição que separa essas dimensões na hora de pensar o corpo. Mas comecei a perceber que a separação entre essas duas dimensões, material e imaterial, é algo presente na vida cotidiana e na vida acadêmica. Comecei a ler, a partir daí, Merleau-Ponty, um pouco de Heidegger, mas também Derrida, Deleuze, sempre pensando nessa questão. São autores que às vezes nem são colocados na mesma linha, mas eu os estou lendo numa outra perspectiva. Todos eles estão preocupados em escapar dessas dicotomias e oposições, cada um à sua maneira. É lógico que o corpo que se move em Deleuze não equivale ao quiasma de Merleau-Ponty, mas há algo parecido no sentido de trabalhar a ambiguidade e não a separação. Comecei a perceber que essa dicotomia está muito presente na vida cotidiana. A arquitetura das casas de saber é construída segundo a ontologia que separa pensamento e corpo. A ideia é de que os melhores auditórios são os que não têm janelas porque, com elas, o olhar ficaria distraído, o aluno teria prazer olhando uma paisagem e isso perturbaria o pensamento. O pensamento só se concentra quando o corpo está paralisado. As bibliotecas costumam não ter janelas e as salas de aula muitas vezes também não. Essa é a lógica de que o corpo atrapalha o pensamento. Não é a ideia de que a paisagem intensifica, contribui, de que tudo está envolvido. A paisagem é um obstáculo a ser desligado. Isso está presente na vida cotidiana e na vida acadêmica. Existe uma grande oposição entre teoria e prática na universidade, baseada visivelmente na vivência corporal. Então a minha preocupação, que começou a partir da leitura do *Gesten*, de Flusser, é tentar identificar esses preconceitos tanto na vida cotidiana quanto na vida acadêmica. Quando dizemos: "Estou dividido, minha razão diz para eu fazer algo mas meu coração diz para eu fazer outro" — que é uma coisa banal, cotidiana —, essa é a lógica da separação. Isso acontece também na vida acadêmica.

Acredito que esses pensadores, eu os coloco todos juntos, Agamben, Merleau-Ponty, Derrida, Deleuze, Heidegger, e também Flusser, cada um à sua maneira, estão tentando escapar dessas dicotomias. Principalmente entre pensar e sentir, mas há a dicotomia também entre sujeito e objeto, entre indivíduo e sociedade, entre identidade e diferença. São as oposições que caracterizam a nossa cultura. E são sempre dicotomias hierárquicas, separações nas quais um é sempre melhor que o outro. O masculino é sempre melhor que o feminino, a identidade é sempre melhor que a diferença, o pensamento é sempre melhor que o corpo. Ou o inverso — existem as reações —, então o que vale é só o afeto e o pensamento não importa, o raciocínio só leva ao desastre e à guerra, por isso, vamos parar de pensar. São os jogos dicotômicos da nossa cultura. O que eu estou tentando trabalhar é como viver, como existir na ambiguidade, uma das coisas mais difíceis para o ser humano.

DL: Você falou sobre a relação entre o gesto e o pensamento, sobre como o pensamento está no gesto, como o gesto é pensamento. Você pode falar um pouco mais do próprio pensamento enquanto gesto?

CF: É o pensamento que se traduz corporalmente, que está presente. O corpo pensa. A ideia que eu acho que está presente no Flusser é a de que há vários tipos de pensamento, assim como há vários tipos de gesto. Um exemplo bem bacana, e isso aconteceu num campeonato de futebol brasileiro recentemente, é o de um jogador que ia bater um pênalti, o que parece ser a situação mais fácil, é "só chutar pro gol". Mas, na verdade, não é. Existe aí muita pressão. Esse jogador, não me lembro o nome dele agora, estava visivelmente hesitante na hora de chutar a bola, parecia que estava pensando demais no que fazer, refletindo. E ele chutou para fora. Chutou para muito longe do gol. Isso pode ser justificado pela separação entre corpo e pensamento, teoria e prática. É a ideia de que pensar demais atrapalha, pensar demais perturba o movimento. O movimento será mais verdadeiro quanto menos pensado for, como se movimento e pensamento fossem excludentes. Existem vários tipos de pensamento. É claro que existe um pensamento que é técnico, planejador, é um pensamento que tem expectativas, que antecipa. Esse tipo de pensamento tem outra lógica, uma lógica que, às vezes, pode atrapalhar o gesto corporal. Se o sujeito vai bater o pênalti e começa a se lembrar das estatísticas que falam sobre para qual lado os goleiros costumam pular quando vão defender um pênalti, esse pensamento realmente não contribui, ao contrário. Mas isso não quer dizer que o pênalti bem-marcado seja um gesto ausente de pensamento, que não haja nenhum pensamento envolvido. É um outro tipo de pensamento que não é operatório ou planejador, medidor ou quantitativo. Existem vários tipos de pensamento. É impossível que o corpo se movimente sem

pensamento. Agora, há pensamentos mais afinados, mais em sintonia com o que se está fazendo. Nessa situação o gesto é tão automático que parece não haver mais pensamento envolvido. Na verdade, o grande objetivo é conseguir alcançar esse estado em que a ambiguidade é vivenciada de forma harmônica, tanto que você nem se dá conta de que está pensando ao mesmo tempo.

DL: Por exemplo, esses gestos automáticos. Você, falando, faz uma série de gestos. Quando estamos pensando, falando, enfim, gesticulamos o tempo inteiro e não temos a menor noção desses gestos, nem consciência do espaço. Há uma estatística que diz que nós não temos consciência de 90% dos nossos gestos cotidianos, das ações que fazemos durante o dia.

CF: Eu não saberia falar sobre isso, são só palpites, observações culturais. Uma coisa que eu percebi na Alemanha, uma cultura muito disciplinar que se baseia no controle recíproco, é que existe ordem porque um controla o que o outro faz. Isso se traduz corporalmente. Claro que eu conheci alemães que dançavam samba muito melhor do que eu, mas o estereótipo do alemão é aquele de corpo rígido. Eu via, por exemplo, na aula de filosofia, as pessoas se pronunciando, participando do debate, e era incrível como o corpo ficava completamente paralisado enquanto a pessoa falava. Não tinha nenhuma movimentação das mãos e o rosto ficava praticamente paralisado. O que você via era um leve movimento da boca, nada mais se mexia, era impressionante.

DL: Você acha que isso tem a ver com disciplina, com regra?

CF: É só um palpite, uma possibilidade. Tem a ver certamente com o contexto cultural, os brasileiros precisam se tocar e sentir que estão próximos. Os alemães detestam essa invasão, eles consideram uma invasão do seu próprio espaço. É um conceito da cultura deles, essa área corporal é a preservação da sua identidade. Eu vi japoneses que ao telefone faziam o gesto de reverência, mesmo que não estivessem sendo vistos.

Então é isso, nós produzimos os gestos e somos produzidos por eles. É uma via de mão dupla. É a nossa liberdade e o nosso destino também.

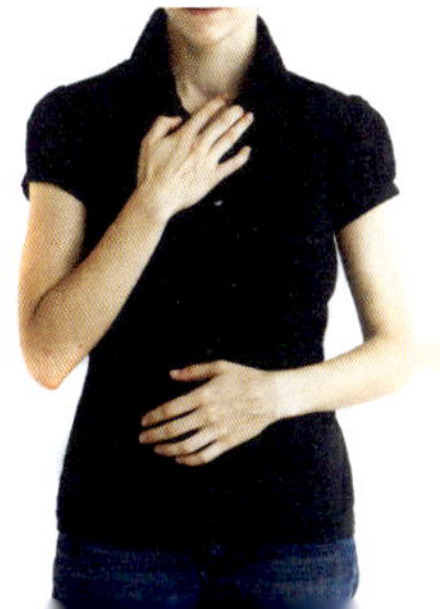

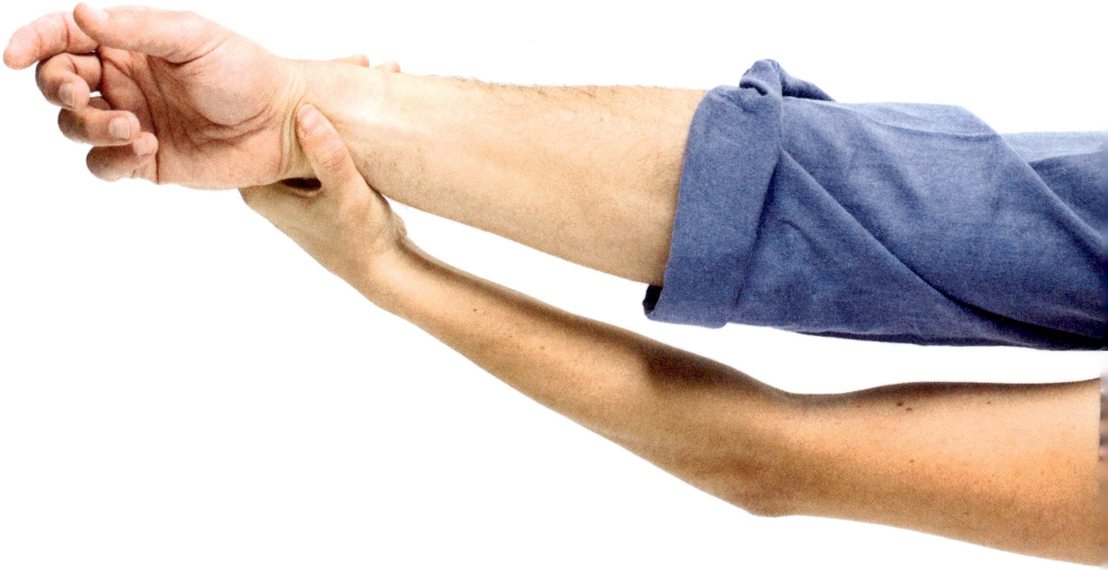

le jar…

gum - (maman)

un objet hors de leur v…

discussion -

er forgeron (Marchal Ferrant) frapper

illes - institutrice -

… de la baffe -

… ~~oute et file d'attente pendant les soldes contents~~ - |7…

Excalibur film - l'épée, la main sortant de l'eau - (1…

…ement dans le métro -

…) iPod - | écoute Glenn Gould le soir -

l'adulte sur la main de l'enfant p…

(1981) (1981)

… à demeurer un…

entrevista com **MASSIMO CANEVACCI**

Massimo Canevacci é antropólogo cultural e professor visitante no IEA-USP *(Instituto de Estudos Avançados da Universidade de São Paulo).*

DANI LIMA: Massimo, de que maneira você encontrou a questão do gesto na sua prática como antropólogo, e qual o seu interesse nela?

MASSIMO CANEVACCI: Bom, acho que há uma diferença entre linguagem do corpo e gesto. De um lado se estuda o corpo, a linguagem do corpo, a maneira como o corpo fala. O gesto talvez seja um lado muito mais específico, micrológico, do comportamento humano, que tem um sentido culturalmente determinado. Sob essa perspectiva, gostaria de falar primeiro de como os gestos foram encontrados na minha pesquisa etnográfica, na cultura indígena do Brasil; depois, de como os gestos, na cultura metropolitana, foram sendo transformados, especificamente na cultura da juventude extrema, das *raves*, em Roma, nos anos 1990; e, por último, gostaria de falar sobre a diferenciação feita por Gregory Bateson, autor que é, para mim, uma referência a respeito do conceito de metacomunicação, isto é, de como entre a linguagem oral e a linguagem dos gestos cria-se sincronia ou dissonância, e, com isso, uma enormidade de problemas.

Para começar, acho que os gestos seguem o modelo do triângulo escaleno, isto é, têm três lados totalmente diferentes: um lado é a questão biológica, o outro é a questão cultural e o terceiro é a tecnológica. Os gestos que são produzidos num contexto muito específico são o resultado ambíguo e conflitante, às vezes cheio de desordem, entre a biologia, a cultura e a tecnologia.

Eu fui convidado para duas cerimônias em Mato Grosso, em duas culturas diferentes. Na aldeia Xavante de Sangradouro, fui convidado para participar de um ritual muito específico que acontece a cada sete anos: a furação das orelhas. Na aldeia Bororo de Meruri, que fica mais ou menos perto da Xavante, na mesma aldeia onde Lévi-Strauss trabalhou — ele achava que ela estava se destruindo, mas está viva, felizmente, e não triste ou "entrópica" —, fui chamado para participar do funeral Bororo, que é uma coisa verdadeiramente impressionante pelo tipo de emoção que implica.

A cultura Xavante é muito forte, eles são "bravos", têm uma força não somente física, corporal, mas têm também projetos político-culturais. Gostam

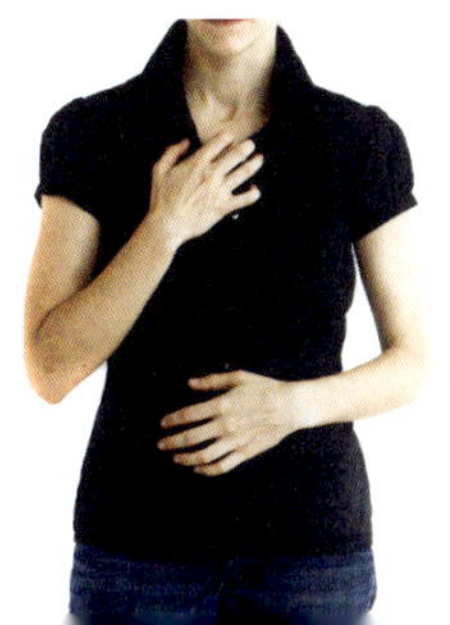

de delimitar profundamente o próprio território e organizar rituais que tenham um tipo de relação muito significativa entre tradição e contemporaneidade. Este é um grande problema, não somente para os Xavantes, mas para todo mundo, com suas diferenças específicas. O ritual da furação das orelhas dura quatro meses, durante os quais tudo para. Eles fazem uma enorme caça antes desse período para não terem que trabalhar. O momento culminante é quando os jovens têm as orelhas furadas. Mas antes precisam ficar 15 dias batendo as mãos na água do rio, fazendo um ritmo que é fortemente musical e corporal. Esse gesto me deixou muito impressionado, esses jovens Xavantes, entre 13 e 17 anos, têm a capacidade de usar os braços inteiros, e também o corpo, para criar uma música. Essa música é criada porque eles conseguem bater constante e ritmicamente nas águas por 15 dias, parando somente à noite, descansando por um tempo muito curto. Tal corporalidade cultural e ritualmente plasmada é de enorme interesse. Cada gesto se insere num ritual de transição: o garoto vira homem, muda de nome e — só depois de ser furado no lóbulo — ele pode furar, isto é, ele pode ter um relacionamento sexual com uma mulher. O palito, que é muito simbólico para ele e estará sempre na orelha, tem o mesmo nome do órgão sexual masculino. Ele tem o pau na orelha furada porque pode ter relações sexuais com as meninas. Somente os Xavantes, e somente os Xavantes homens, entre 13 e 17 anos, podem fazer isso. Esse gesto coloca em relação o que é fundamental: corpo, água e ritual sagrado. É como se a música — na verdade não é exatamente música, é um som, é um panorama sônico — estabelecesse uma força simbólica entre o jovem, o sagrado nas culturas antigas Xavantes, e o presente que está começando a se revitalizar. O final, muito significativo, desse mesmo ritual: dois jovens tradicionalmente enfeitados cruzam o círculo da aldeia batendo um pé com força, apenas um pé, em todas as direções. Isso tem um poder simbólico enorme. Batem o pé para que a terra desperte e o sol venha esquentar as pessoas, e os velhos começam a gritar porque a vida está voltando. Sol e urucum têm o mesmo conceito: são símbolos vitais. Tudo isso é baseado numa complexidade de elementos, mas há um centro, o centro é o pé que bate no solo da aldeia. Esse é um gesto fundamental porque cria a vida, é de uma profunda significância simbólica, mas somente nesse contexto. Isso, para mim, não é uma definição, mas um *statement*: os gestos são culturalmente determinados. Às vezes eles têm um lado biológico: assustar-se, rir, chorar, mas pela visão da antropologia eu choro porque a minha cultura favorece esse gesto. Dessa maneira, aquele gesto de bater com o pé no chão da aldeia para recriar a vida é um símbolo, um símbolo gestual, silencioso, e ao mesmo tempo tem uma força comunicacional enorme, que recria a vida. A vida Xavante.

A cultura Bororo está atualmente sob influência dos missionários salesianos, o que gera problemas sobre a cultura do corpo, e os gestos são parte dessa cultura do corpo. O funeral é um elemento constitutivo da cultura Bororo e é muito complexo. A pessoa quando morre é colocada com pouca areia e muita água sobre o corpo — porque a carne precisa se putrefazer — no centro da aldeia, que é sempre circular, e depois de mais ou menos trinta dias há uma exumação. Participar deste funeral foi a maior emoção da minha vida. O mestre do canto, José Carlos, que estava fazendo o ritual junto com outras três pessoas, era também o marido da morta. E como seu marido, ele pegou o crânio da mulher, começou a limpá-lo com as mãos e com folhas de buriti, e com os dedos tirou cada elemento de carne, de cartilagem etc. Depois que o crânio estava totalmente limpo — já não era mais um crânio, estava se transfigurando em um ser-coisa-animal totêmico, estava virando um ser ancestral naquele processo —, José Carlos o colocou numa cesta. Então crânio e ossos foram pintados de urucum, que tem uma cor muito forte, um vermelho muito significativo, vital, do ponto de vista simbólico. Depois as pessoas colocaram plumas no crânio e, através de um ritual mais complexo que agora não vou contar em detalhes, ele se transformou em uma arara, num animal totêmico. Uma maravilha que para nós seria uma obra de arte, mas lá não é obra de arte porque não tem valor de troca, é uma coisa-ser sagrada. É coisa inorgânica porque é um crânio, e um *ser orgânico* porque é vital, sagrado, restabelece o círculo dos antepassados de novo presentes... Eu queria sublinhar que os gestos daquele homem, mestre do canto, limpando o crânio da pessoa amada — ele morou com ela por mais de trinta anos —, limpando cada elemento de "impureza", formam um tipo de gestualidade emocional que existe somente lá, que tem uma potência expressiva simbólica, mas também tem a força de um amor que aqueles gestos conseguem concretizar de uma maneira que para nós é difícil de entender. Durante os cantos, choros, danças, escarificações há uma pausa para um ritual de iniciação dentro do ritual fúnebre: os meninos entre 9 e 12 anos viram adultos e assumem o estojo peniano pintado de urucum. A vida e a morte se cruzam. Somente depois dessa iniciação vital o funeral pode se concluir.

Funeral e furação são exemplos de duas culturas indígenas que criam um sistema simbólico em que o gesto não é simplesmente um tipo de linguagem parcial, micrológica do corpo, mas em que o gesto cria o sentido de restabelecer o sagrado da vida no mundo, isto é, cria um desafio entre a vida e a morte. É como se a vida e a morte naquele momento ficassem paradas e os gestos restabelecessem o poder da vida de continuar. E não é casual que a revitalização dos dois rituais tenha como elemento dinâmico a vontade dos mesmos Xavante e Bororo de se filmar e se documentar: a autorrepresentação restabelece a tradição ritualística só enquanto a cultura digital favorece essa potencialidade de fixar os gestos corporais e os símbolos incorporados. O triângulo é escaleno e flutuante, é difícil determinar o lado mais importante.

Nas culturas que eu chamei de eXtremas[1] das juventudes metropolitanas, os jovens de Itália, Europa, Brasil e Estados Unidos foram envolvidos em uma forma de expressividade, as *raves*, que transformavam velhas fábricas abandonadas, por um dia, por uma noite, em um espaço total de liberdade. Esse

1. Referência ao título do livro *Culturas eXtremas: mutações juvenis nos corpos das metrópolis*, de Massimo Canevacci. São Paulo: DP&A Editora, 2005.

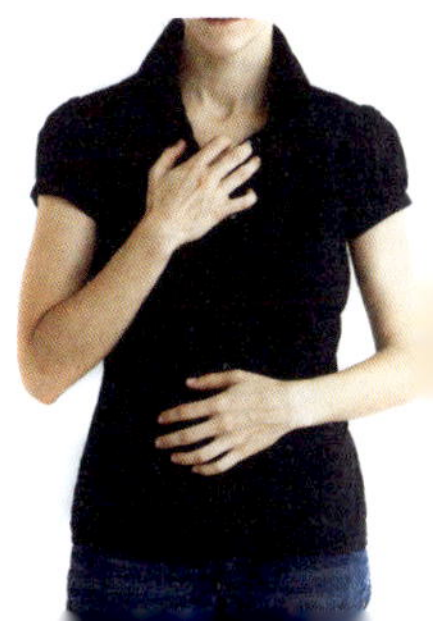

espaço de liberdade se manifestava na música, que não era produzida por profissionais — cada grupo, cada pessoa podia criá-la —, nos grafites, na dança, nas alterações do corpo e nos gestos. O gesto, na cultura das *raves*, não era simplesmente conectado ao corpo, era um gesto expandido que envolvia também o estilo com o qual o jovem se apresentava no contexto de um ritual noturno, irregular e extremo. Naquele contexto se criavam gestos corporais totalmente diferentes dos gestos da normalidade, não somente da vida cotidiana, mas também de qualquer outro tipo de festa. Era um tipo de linguagem corporal, gestual, que estava interconectada com aquele espaço específico — uma velha fábrica abandonada —, com uma música específica — *tecno* muito dura — e com um tipo de construção de imagem, entre pop e grafite, que produzia um sentido. Naquele momento se estava criando um sistema de signos e de gestos que fazia uma interconexão entre corpo, roupa — o estilo das roupas era diferente —, música e arquitetura, máquinas enferrujadas e tecnologias novíssimas. É como se o prédio, a fábrica abandonada, fizesse gestos, tivesse um elemento gestual no qual o que é orgânico e inorgânico se misturasse. Os gestos, nesse caso, não pertencem simplesmente à cultura da humanidade, mas são também formas semióticas temporárias pelas quais se transforma um lugar tradicional, uma fábrica, em um espaço de liberdade, uma *rave*. Há uma afinidade naqueles tipos de gestos emoldurados, nos gestos vestidos, nas paredes descascadas e também na música pulsante. A música cria um tipo de gestualidade, favorece um tipo de gesto, a música tecno incorpora gestos perturbadores. Tudo é a flutuação de uma complexa modificação constante de corpos que misturam o orgânico e o inorgânico, o ouvir e o não ouvir, silêncio, barulho, ruído, som, dissonância. Músicas sensoriais...

CW: E drogas.

MC: E drogas, claramente. A droga (êxtase ou haxixe) foi um elemento específico para criar e expandir esse tipo de gestualidade. E ela funcionou, especialmente no primeiro momento, como um elemento de libertação, de expansão. A cultura *rave* teve um momento de expansão máxima, depois houve um declínio e acho que agora a experiência acabou. Acabou porque um outro tipo de droga — a ketamina — começou a se difundir e não havia mais as interconexões entre pessoas que as primeiras drogas conseguiam. Foi uma droga de isolamento, de separação, cada pessoa ficava jogada no chão, viajando na experiência limite da morte, foi a *death experience* que causou, na minha maneira de ver, o colapso da cultura *rave*.

Mas, voltando, quando falei no início dos gestos que pertencem à cultura humana, eu queria dizer que ela é também a cultura da metrópole, da dimensão do urbano, dos prédios, especialmente de uma arquitetura contemporânea que incorpora a força dos gestos. O que eu estava dizendo sobre a *rave* acontece também em toda a cultura metropolitana, no sentido de que um prédio incorpora um tipo de visão do mundo e do corpo que é baseada nos gestos. A arquitetura contemporânea é uma arquitetura móvel que se transforma, se transfigura através da luz e do som. Esse tipo de arquitetura não é fixo ou euclidiano, mas está relacionado a uma visão de identidade mais fluida, mais híbrida, que se transfigura e é cheia de gestos. A gente precisa aprender a entender como um prédio se comunica por meio de gestos, como se estabelece uma relação dialógica, e às vezes polifônica, entre "pessoas humanas" e "pessoas *transumanas*" ou "pós-humanas", que são essas obras de arte, esculturas, esculturas arquitetônicas etc. Isso é um desafio para a lógica clássica tradicional, que normalmente individualiza os gestos somente num tipo de linguagem corporal humana baseada na geometria clássica. Mas não é assim. A partir da minha experiência nas culturas Xavante e Bororo, eu entendi profundamente que em alguns momentos esse tipo de antropocentrismo não funciona, os gestos se expandem em um design flutuante que cria um tipo de relação profundamente *transumana*. A gente precisa treinar, observar, interpretar e também mudar essa complexa gestualidade.

Enfim, posso fazer minha conclusão parcial: os gestos, especialmente os humanos, são importantíssimos na relação que, na antropologia, se chama *metacomunicação*. Isso significa o seguinte: estou fazendo um discurso, ou estou jogando com outras pessoas, ou namorando uma mulher, por exemplo, mas os meus gestos muito frequentemente não têm o mesmo sentido das minhas palavras. Eu posso dizer uma coisa e, com a minha gestualidade, posso metacomunicar um sentido diferente. No jogo, isso pode ser gravíssimo porque pode virar um conflito, uma luta; no amor, se as pessoas não conseguem entender a metacomunicação, o amor acaba, morre. Eu posso fazer um discurso lindíssimo e profundo ou absolutamente banal, mas a minha força metacomunicacional baseada nos gestos cria um outro sentido. A metacomunicação é o entendimento de que fragmentos corporais de mãos, olhares, expressões do rosto, posicionamentos corporais, são modificações que podem dar um sentido ambíguo, ou às vezes totalmente diferente, ou ainda mais amplo, à comunicação. Por exemplo, em *Autorretrato como a alegoria da pintura*, de Artemisia Gentileschi, a inclinação determina tanto uma mudança da posição do corpo quanto uma tendência psicocultural. Aprender a mudar o posicionamento corporal (e psíquico) favorece outras perspectivas, diagonais e inovadoras. Nesse sentido, a inclinação não é só uma predisposição, mas uma maneira de aprender a deslocar-se. Tudo isso cria um problema porque muito frequentemente as pessoas não estão acostumadas a metacomunicar, elas gostam de se comunicar num nível muito mais espontâneo, imediato. Aprender a metacomunicar é, às vezes, uma arte; é preciso entender a particularidade, o relativismo e a especificidade de cada elemento da gestualidade. Isto na arte da coreografia ou na arte das performances é fundamental. Por exemplo, na minha aula em Roma tive esse desafio: fazer os meus alunos entenderem quem era [Bronislaw] Malinowski, antropólogo de origem polono-britânica

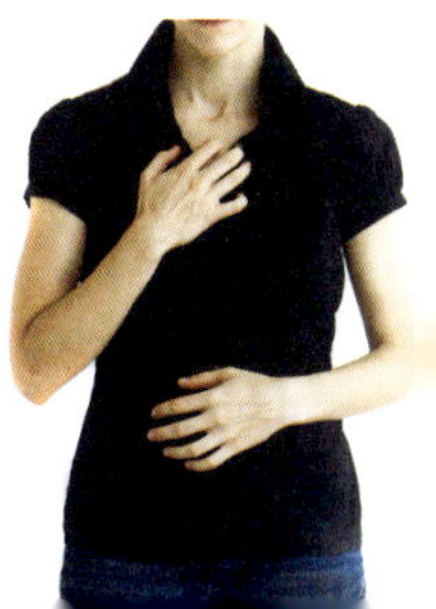

famosíssimo, que iniciou a antropologia como pesquisa de campo (nas ilhas Trobriand, Melanésia) e depois escreveu um diário no qual dizia exatamente o contrário do que escreveu no seu texto científico. Achei que a melhor maneira de representá-lo era fazer uma performance. Então envolvi cinquenta alunos na performance que se chamou *Obra Malinowski*. Esta *Obra Malinowski* não tinha linguagem escrita ou verbal, era somente gesto, música, danças, roupas e cenografia. A cenografia era de gestos incorporados, parcialmente imóveis. Não eram totalmente imóveis porque a metacomunicação muda tudo isso. Para mim, era fundamental que cada aluno pudesse entender qual seria a cultura dos gestos dos trobriandeses, cultura em que Malinowski fazia sua pesquisa. Então fomos ao museu etnográfico em Roma, estudá-la, tirar fotografias, fomos também observar os filmes sobre essa cultura e depois tentar criar uma ficção, uma modelagem, uma invenção do que poderia ser o ritual trobriandês específico expandido — ou *re-enacted* — a Roma. Os meus alunos inventaram gestos, tentaram colocar gestos da dança trobriandesa, e também um conflito entre eles e Malinowski. Malinowski tinha uma cultura dos gestos muito colonial naquela época, apesar de ser um anticolonialista. A maneira de ele se apresentar nas fotografias à frente dos trobriandeses era: "Eu sou antropólogo, estou aqui, eu quero te interpretar. Porque te olhando eu te controlo, te domino, te interpreto. Porque eu sou intérprete da tua cultura, você não tem esse tipo de autonomia de interpretação." Tudo isso agora está em crise, mas naquela época... Por muito tempo, nas ciências sociais, criou-se um tipo de paradigma epistemológico a partir do qual os gestos de uma cultura eram interpretados pelos antropólogos, pelos jornalistas, pelos sociólogos, pelos missionários. Então essa é a minha conclusão: os gestos não somente são criados, falados, comunicados por uma cultura específica, mas podem também ser interpretados por ela. Melhor: a própria cultura precisa interpretar sua metacomunicação gestual e eu, como antropólogo, posso acompanhar o processo, mas não tenho, nunca mais, o direito de ser o único intérprete do gesto de uma cultura diferente da minha. Este era um tipo de direito político e também epistemológico do passado que ainda se mantém e que reproduz um poder. Para não interpretar e modificar os gestos de qualquer cultura, antropólogos, filósofos, coreógrafos precisam se colocar dialogicamente, e às vezes também em conflito, em tensão com a cultura que estão tentando entender, afirmando a centralidade interpretativa da subjetividade daquela cultura. Somente se sua subjetividade for afirmada política e cientificamente, eu tenho, como antropólogo, o direito de penetrar e dialogar com essas interpretações. Porém, nunca mais sozinho.

CW: Você citou dois antropólogos importantes que são Lévi-Strauss e Malinowski. Fora essas duas referências, quais são as obras que, para você, foram verdadeiramente cruciais em relação à questão do gesto?

MC: As obras que me influenciaram muito foram as de um etólogo interessante, austríaco, [Irenäus] Eibl-Eibesfeldt. Ele foi aluno de [Konrad] Lorenz, que seguia o paradigma da sua época. Eibl-Eibesfeldt começou seu estudo dos gestos no livro *Amor e ódio.*[2] Ele fez muitas pesquisas interculturais para entender qual é a unidade mínima que pertence a toda a humanidade. Por exemplo, quando uma criança começa a sorrir? Qual é a diferença entre sorrir e rir? Que significado têm os olhos? A linguagem dos olhos é fundamental na relação *face to face*. Ele estudou muitíssimo essas inter-relações usando uma câmera que era politicamente incorreta; colocava um espelho lateral e filmava pelo espelho para não parecer que estava filmando. Acho que esse tipo de sistema não é correto, porque se você quer filmar uma cultura, é preciso dialogar, a cultura deve aceitar ser filmada ou, ainda melhor, participar na produção do filme.

Há também o livro de Gregory Bateson e Margaret Mead sobre Bali. É um livro maravilhoso, se chama *Balinese Character,*[3] e é baseado em uma sequência de fotografias. A sequência tem um sentido muito profundo, é o começo e o fim de uma ação culturalmente determinada, no caso, a relação da amamentação entre uma mãe e seu filho. A hipótese de Gregory e Margaret era que a maneira de mamar criava uma personalidade na infância que se mantinha no adulto. Eles estudaram muitíssimo sobre como se cria esse tipo de relação e dessa pesquisa nasceu um conceito extraordinário para entender a cultura da gestualidade contemporânea, o duplo vínculo: *double bind. Double bind* é uma maneira de metacomunicar. Por exemplo, uma mãe pode dizer ao filho: "Vai dormir que você está cansado." Se o filho não estiver cansado, não quiser ir dormir, ele tem algumas possibilidades diferentes: se tem uma identidade bem-estruturada, ele vai dormir e pensa assim: "Minha mãe está de saco cheio, eu vou embora." Mas se ele é um filho "fraco" — Bateson chamava de "fraco" ou vítima —, pode entender que a mãe não o está amando e ficar com medo de perder o amor da mãe, e para não o perder vira o filho "fraco", seu corpo assume a fraqueza e ele dorme.

Esse menino, esse filho "fraco", não consegue entender a metacomunicação, assim ele aceita só a comunicação de primeiro nível — literal — porque tem medo de perder o centro da sua relação amorosa. Então os gestos do corpo dele mudam, é uma inter-relação muito complexa, como eu estava dizendo, o corpo assume a fraqueza e dorme, isso é a complexidade da relação conflituosa entre comunicação e metacomunicação. Na cultura balinesa, o modelo (*pattern*) de amamentação cria um tipo de relacionamento entre mãe e filho que pode favorecer um tipo de caráter "normalmente" esquizoide, causando uma infelicidade recíproca, tanto da mãe quanto do filho adulto. O exemplo fotografado e analisado em detalhes é o seguinte: a mãe acaricia o filho para que ele chegue perto dela para mamar. Quando ele está perto, ela se distrai, começa a rir, pensar em outras coisas e o filho tenta mamar, mas subitamente fica triste porque percebe corporalmente a ausência da mãe, apesar de ela o

2. Eibl-Eibesfedt, Irenäus. *Amor e ódio.* Editora Bertrand, 1970.

3. Baterson, Gregory; Mead, Margaret. *Balinese Character: A Photographic Analysis.* Nova York: New York Academy of Sciences, 1942.

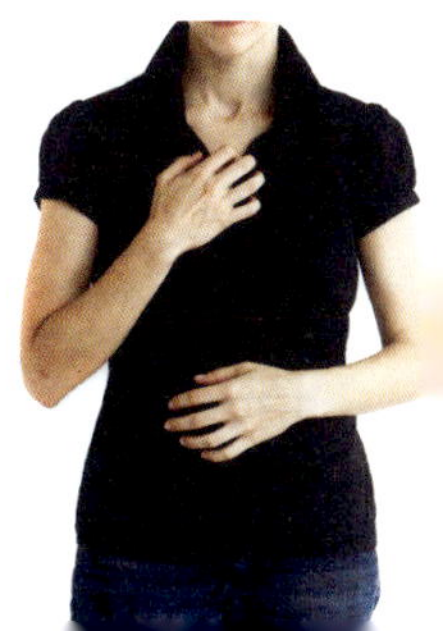

abraçar. No final, os dois — mãe e filho — exprimem uma expressão frustrada. A causa desse mal-estar está na mãe que usa, simultaneamente, duas linguagens diferentes e contraditórias: ela atrai o filho quando está longe e quando ele fica perto ela se afasta. Assim, os gestos da mãe e os do filho se tornam conflitantes, não se resolvem, criam um problema metacomunicacional e identitário. Esse tipo de modelo é característico da cultura balinesa e, ao mesmo tempo, a conclusão teórica de Mead e Bateson é mais abrangente: segundo eles, o duplo vínculo pode ser afirmado segundo comportamentos diferençados nas diversas culturas a partir da dificuldade comunicacional na interioridade da família, e se estende na comunicação midiática, naquela época nascente. Assim, a bem conhecida escola de Palo Alto nasce na Califórnia e envolve a sensibilidade de muitos pesquisadores e também diretores de cinema (por exemplo, *Rebels without a Cause*, de Nicolas Ray).

Não é casual que uma nova antropologia se afirme justamente entre a Califórnia e o Texas na metade dos anos 1980. James Clifford e George Marcus são antropólogos que trabalham muito com a relação entre arte e corpo, contemporaneidade e vanguarda. Entre os que fazem parte dessa escola está Renato Rosaldo, um chicano que fez um trabalho sobre os Ilongot, um grupo das Filipinas que, para tentar enfrentar uma dor intolerável, corta, ritualmente, a cabeça. Os Ilongot são *caçadores de cabeças*: antes das influências missionárias ou urbanas, eles eram acostumados a tentar resolver o problema da morte, especialmente de uma morte imprevista ou para eles inexplicável, matando uma pessoa de um outro grupo, cortando-o a cabeça. Somente assim conseguiam eliminar a dor insuportável da morte. O ritual da morte, que os Bororos enfrentam naquela maneira já descrita ou os católicos no sacrifício da morte e ressurreição de Cristo, é elaborado pelos Ilongot cortando a cabeça. Somente assim o poder da morte é aplacado e a vida pode reiniciar.

Para Rosaldo, a cultura chicana é um mix contínuo entre elementos mexicanos, ou latinos em geral, e americanos. Isso cria uma coisa muito complexa, híbrida no bom sentido, mas também cria uma tensão contínua que transmigra, por exemplo, para os grafites inovadores que estão em San Diego, Tijuana, e em toda essa área da Califórnia, e também para o estilo de vida deles, que é bem diferente do estilo da juventude branca, ou WASP (*White, Anglo-Saxon and Protestant*), daquele lugar, e também para a música. Por isso eu estava dizendo: os gestos nunca são especificamente corporais, eles se expandem criando um estilo de vida cotidiana, uma visão do mundo que se transfigura, no caso, em grafites, roupas e música.

Eu tenho essa visão da arte contemporânea. Estou me referindo em particular ao evento do *Post-Human*, na Documenta de Kassel, em 1994, 1995, não lembro exatamente. O *Post-Human* foi um momento fundamental no qual a antropologia, os estudos culturais e a arte se cruzaram para criar um novo sentido teórico, e também visual, do que é a gestualidade do corpo. É um tipo de cruzamento transdisciplinar. A segmentação disciplinar, todo mundo sabe, não funciona, está morrendo. A faculdade e o departamento são como casernas, fortes, que tentam se defender: isto é meu, aquilo é dele. Mas o que está acontecendo é que, graças à cultura digital, é possível modificar profundamente essa visão segmentada. Eu acho que seria fundamental cruzar arte, arquitetura, ciências humanas, antropologia, naturalmente, para ter uma visão dos gestos não mais somente orgânicos, antropocêntricos, mas de uma maneira expandida. Gestos expandidos podem criar uma nova forma irregular extrema que favoreça novos panoramas nos modos de comunicação. Eu gosto de usar a palavra comunicação indisciplinada e inclinada para elementos que cruzam pontos de vista diferentes. Para que depois cada pessoa, pesquisador ou o que quer que seja, vá, pelo seu itinerário, pelas suas veredas, mostrar as suas experimentações sobre gestos, corpos, tecnologia digital, que modificam profundamente a cultura dos gestos.

Ah, me esqueci de Marcel Mauss, que escreveu um ensaio fundamental sobre a técnica dos corpos, foi o primeiro a contar essa história. Ele foi ferido na Primeira Guerra Mundial e estava no hospital, parado, não podia fazer nada, somente olhar. E olhando as enfermeiras, pensou: "Ora, as enfermeiras aqui estão caminhando de uma maneira diferente do normal." Ele não entendia por que caminhavam de um jeito que nunca tinham caminhado antes. A guerra acabou, a doença acabou, ele foi ao cinema e percebeu que aquela maneira de caminhar das enfermeiras era a mesma que aparecia no cinema, elas a tinham incorporado de uma maneira "espontânea". É complicada essa terminologia: vamos dizer, entre estilização e espontaneidade, elas estavam incorporando a maneira pela qual uma atriz caminhava diferente da "norma". Essa pesquisa de Marcel Mauss foi uma das primeiras análises sobre como uma tecnologia, no caso o cinema, influencia os gestos. Os gestos não são somente naturais e não são somente culturais, eles têm uma relação complexa com a tecnologia que se desenvolve num específico contexto histórico. Imaginem a força da cultura digital. Talvez os gestos mais interessantes a serem analisados contemporaneamente sejam os relativos ao celular, gestos que há cinco, dez anos, não existiam. É uma dança um pouco estranha a dos dedos, não? Cada pessoa se comunica com outras em todo o mundo. Isso é uma coisa que parece normal, mas não é normal, é uma gestualidade nova que, às vezes, pode causar problemas. Quero sublinhar que a maneira de usar os dedos não somente para escrever letras do alfabeto, mas também para criar um tipo de desenho, de ideogramas totalmente inovadores, produz sentido. Por isso essa flutuação entre biologia, cultura, tecnologia, que se expande na comunicação metropolitana e está imanentemente conectada a ela. Esse gesto expandido, para mim, é o pulsar da gestualidade contemporânea.

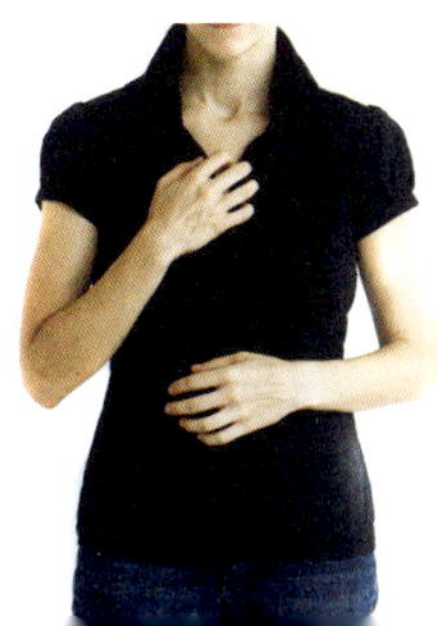

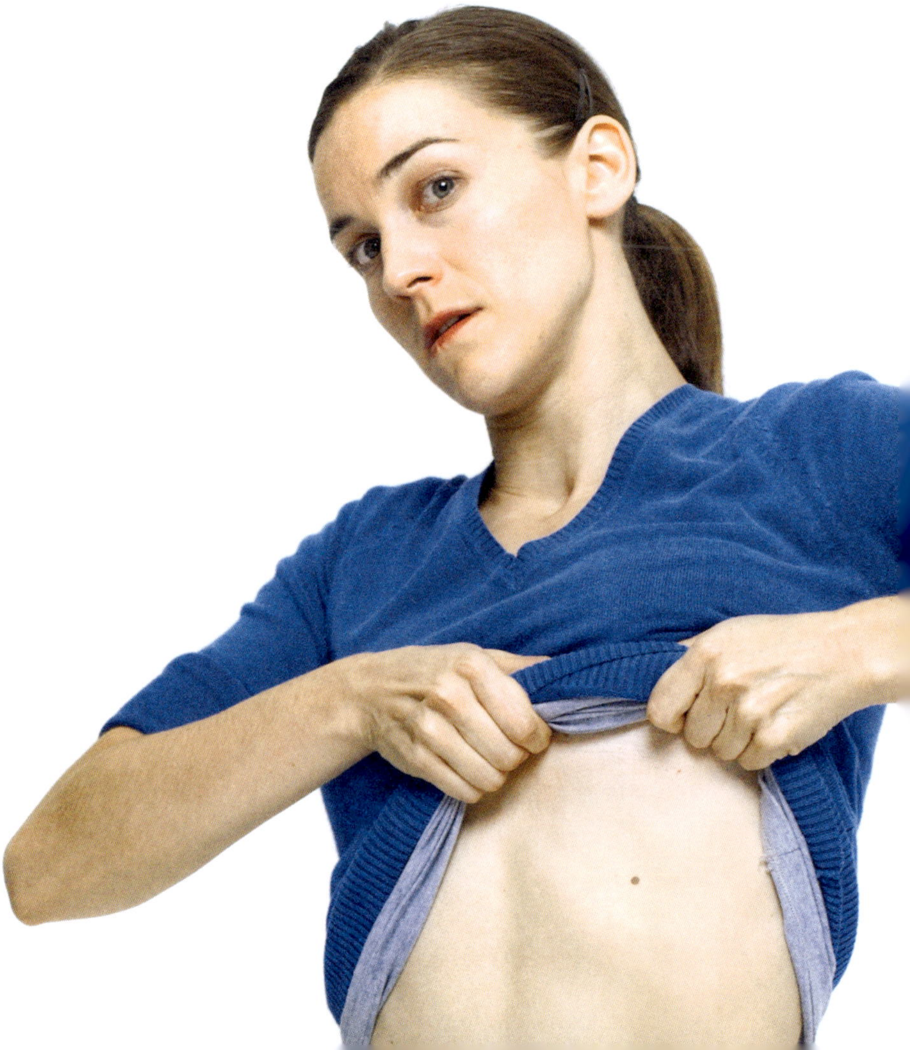

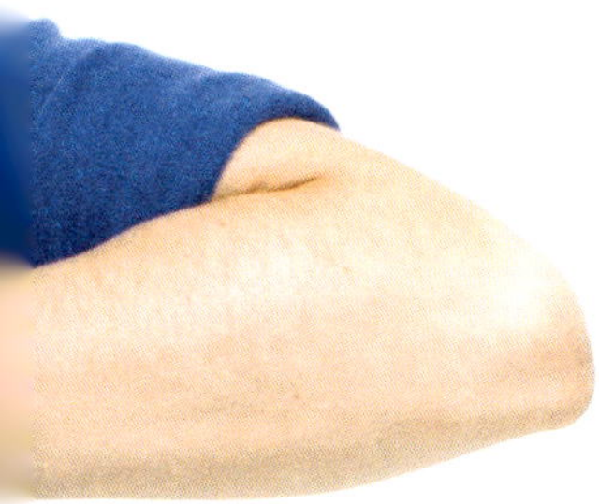

LINDON

• Castanholas → (carmen bizet)

• Buda | Macaco | Hades → (bicos)

• Balão explodindo → (rapper)

• Robô (subir/descer) → (sherre)

• Derreter no chão → (O Vento Levou)

• Mãos em concha → (Skalibu)

• Afastar do corpo → (carmen)

• ginga de gringo → (cavalo)

estual mãos → (libra)

que e ralenta → (avento tigrese).

s na mão → dragon ball.

do curva coluna → Alegrai-vos)

o espaço → Baguê.

e lenta → valsa da Leo

(fortinho do tony)

c/ — dragon ball

Macaco de br...

Mirror

Berimbau

...ao alvo

...ado

...m/ japonês e ralentar

...o cio/ guitar alguém que se foi)

...go

...idade

entrevista com **CHRISTINE GREINER**[1]

Christine Greiner é professora do Departamento de Linguagens do Corpo da PUC-SP.

CHRISTINE GREINER: Lendo o seu blog,[2] Dani, eu me interessei pela maneira como Hubert Godard fala da questão do gesto, do pré-movimento. E pensei em falar sobre dois assuntos, dois níveis diferentes de descrição do gesto. Um relacionado a Hubert Godard, que tem a ver com o processo de construção do gesto no qual nem tudo é visível, há uma parte desse processo que é invisível. Eu tenho estudado um autor, António Damásio, que é neurocientista, e pensei em falar sobre um pedacinho do último livro dele, *O livro da consciência.*[3] O título é uma homenagem a Fernando Pessoa. Na segunda parte desse livro, ele fala sobre mapas de imagens e explica algumas questões sobre memória e movimento que conversam muito bem com Hubert Godard e com parte do projeto da dança. A segunda coisa que eu queria falar é sobre outra discussão de gesto, a partir do texto *Notas sobre o gesto,*[4] do filósofo italiano Giorgio Agamben, que fala sobre a invisibilidade e a visibilidade do gesto, não do ponto de vista cognitivo, mas do ponto de vista político.

Na segunda parte do livro do Damásio, ele diz que o que nós, da espécie humana, fazemos são mapas de imagens, que essa habilidade para mapear tem tudo a ver com a gestão da vida. Esse mapeamento sobre o qual ele fala é o jeito como se desenvolve a comunicação entre o dentro e o fora do corpo. Ele diz que o cérebro é um cartógrafo por excelência, faz mapas. Cada vez que o cérebro cria um mapa, informa a si mesmo sobre o que está acontecendo, é a função dos mapas. Esse saber nem sempre é consciente, a relação corpo e cérebro soluciona um monte de coisas, mas, mesmo assim, muitas vezes não somos capazes de relatar o que acontece. Damásio diz que quando o cérebro produz mapas, cria imagens que são a principal moeda de troca do corpo. Eu estou falando de cérebro e de corpo juntos porque o cérebro cria o mapa do corpo, o mapa de mudanças de estado corporal. Os estados corporais são as emoções, os mapas que o cérebro cria são os sentimentos. Essa é a explicação de Damásio. Essas imagens mentais se baseiam nas alterações que acontecem no corpo e no cérebro toda vez que a gente interage com um objeto do mundo. Temos que entender aí duas coisas importantes: primeiro, que, para Damásio, imagem é imagem mental, não necessariamente visual. Toda e qualquer

1. *Esta palestra fez parte do evento Corpo.Doc, do Panorama de Dança 2011, e aconteceu no dia seguinte a uma apresentação do processo do espetáculo* 100 gestos, *de Dani Lima.*

2. ciadanilima.com.br/blog

3. Damásio, António. *O livro da consciência — a construção do cérebro consciente.* Portugal: Temas e Debates, 2010.

4. Agamben, Giorgio. "Notas sobre o gesto". In: Revista *Artefilosofia.* Ouro Preto: Ifac, 2008.

percepção cria uma imagem. Algumas imagens são auditivas, táteis, olfativas, não existem só imagens visuais; a outra coisa que precisamos entender é que "objeto do mundo" não é só cadeira, sapato, mesa. Pessoa também é objeto, ideia, imagem, sonho são objetos. A palavra-chave é interação. Às vezes falamos "o corpo e o cérebro", como se existissem separadamente. Eles não estão suspensos, não se deve falar "o corpo e o cérebro" porque, de fato, eles não existem de maneira autônoma. O corpo se constitui na relação com o ambiente. O cérebro é parte do corpo. Assim como o ambiente constitui o corpo, o corpo constitui o ambiente. Está tudo relacionado, é sempre "corpo, cérebro e ambiente", não se pode desconectá-los. O jeito como o gesto se organiza é também corpo, cérebro e ambiente, não existe gesto que não se organize nessa interação. Então toda cartografia tem início com um mapeamento do corpo dentro do qual o cérebro está, e a percepção é o resultado dessa competência cartográfica. Damásio fala de percepção num sentido que conversa bem com outros autores que não estudam a percepção como uma coisa passiva, como se ela só acontecesse ao recebermos uma informação. Eles entendem que a percepção é uma ação cognitiva. Há um neurofisiologista francês, Alain Berthoz, que estuda isso e diz que a percepção é uma ação simulada. A gente se levanta, sai correndo, pega um objeto, abraça alguém... Antes de qualquer ação se realizar, ela existe de uma forma simulada internamente, depois é que ela acontece. A representação do mundo exterior penetra no cérebro sempre pelo corpo, não há outro jeito. Essa interação só acontece através do corpo. Os mapas perceptuais do estado emocional do nosso corpo se transformam em sentimentos quando o cérebro cria um mapa do que está acontecendo corporalmente.

Eu vou falar um pouquinho da memória. Damásio diz que existem dois espaços de memória: o espaço imagético, que é esse que cria os mapas e as imagens; e o espaço disposicional, que é mais antigo em termos evolutivos. O imagético se alimenta de todas as percepções do nosso corpo, tato, olfato, audição, não só da percepção visual. O disposicional é aquele em que as disposições mantêm a base do conhecimento, é o responsável pela recordação. O que está em jogo no espaço disposicional não são as percepções, mas a imaginação e o raciocínio. Quando lembramos de alguma coisa, criamos uma narrativa para essa coisa. Quando sonhamos, por exemplo, nunca temos acesso ao sonho porque cada vez que vamos contar aquilo que sonhamos, nos relacionamos com uma narrativa dentro do sonho. Essa narrativa já é imaginária. Então toda vez que lembramos de alguma coisa, não nos lembramos da coisa tal qual ela é, lembramos da coisa já imaginada. Damásio explica que esses dois espaços estão sempre relacionados: o espaço imagético, das percepções daquilo que está acontecendo, do instante presente, e o espaço disposicional. O espaço disposicional também cria imagens, mas são sempre fictícias. O conteúdo das disposições é inconsciente, não são palavras nem imagens visuais, mas registros de potencialidades. A nossa memória de coisas, de pessoas, de locais, de acontecimentos, de relações, de todos os processos de gestão da vida têm a ver com esse espaço disposicional. Aquilo que está armazenado não são as coisas, são potencialidades. É interessante pensar na memória assim, não temos memória de coisas, temos memória de potencialidades, e ativamos a potencialidade cada vez que nos lembramos delas. Por isso é sempre uma ficção. É tudo muito interessante porque na arte em geral, não só na dança, há toda uma discussão sobre realidade e ficção, sobre aquilo que se apresenta e aquilo que se representa. Quando estudamos a partir do corpo, percebemos que a ficção é absolutamente real. Por exemplo, esses mapas dos sentimentos sobre os quais o Damásio fala, que mapeiam as mudanças de estado corporal, as emoções, podem ser absolutamente fictícios. É por isso que algumas vezes temos doenças psicossomáticas. A doença psicossomática, embora fictícia, é absolutamente real, podemos morrer por causa dela. Essa ideia não é só para o mal, para o adoecer, para o sofrer, mas também para o bem, por exemplo, às vezes entradas químicas no nosso corpo nos dão uma sensação de prazer, criam imagens fictícias e mudam o nosso estado corporal. O mapeamento dessa mudança de estado corporal, que são os sentimentos, habitualmente nos engana.

Voltando agora para Hubert Godard, ele diz que o gesto começa no pré-movimento, que o gesto não é só aquilo que vemos, aquele movimento já organizado, formatado. Ele começa no pré-movimento, que tem a ver com o tom, com a paisagem de fundo.

DANI LIMA: A ideia de pré-movimento como tela de fundo é linda. Isso já começaria na organização do sistema musculoesquelético do indivíduo. É como se o primeiro gesto da cada ser humano fosse a resposta que ele dá à gravidade, a forma como se organiza para estar de pé ou para fazer qualquer movimento. O tônus de uma pessoa está relacionado à resistência com a qual ela responde à gravidade, se resiste mais ou se cede mais. Isso já é um gesto, um gesto inaugural de postura.

CG: Damásio, Hubert Godard e outras pessoas que estudam a percepção estão chamando a nossa atenção para o fato de que o gesto não é só aquilo que vemos como codificado, aquilo que tem um significado dado. Não é só o gesto dicionarizado. O gesto começa muito antes disso, este antes compõe o modo do gesto se dar naquele corpo especificamente, e naquele momento. Isso não é um detalhe, é a coisa mais importante.

Acho importante falar sobre Agamben porque ele dá um entendimento político para essa discussão sobre gestos. No texto *Notas sobre o gesto*, ele diz que tem uma coisa que a gente vê e uma coisa que a gente não vê, quando o gesto se organiza. Ele não fala de articulação de neurônios, de nervo ou de músculo, mas fala de articulação política. Ele diz que a burguesia ocidental do século XIX perdeu os seus gestos. Fiquei muito intrigada com essa frase.

Agamben diz que quando perdemos uma coisa, junto com essa perda vem a obsessão. A perda dos gestos faz com que as pessoas se tornem obcecadas por eles. Perder os gestos tem a ver com um processo civilizatório que os adapta de modo a perderem sua especificidade, eu passo a agir com o gesto do outro: o gesto polido, o gesto que garante uma ascensão social, o gesto que é familiar àquele grupo e que, supostamente, garante a minha inclusão. Eu mudo os meus gestos para ser incluída. Paulo Freire dizia que o analfabeto é aquele que não fala com as próprias palavras, não tem autonomia, só fala com as palavras dos outros. Então o cara que só se movimenta com os gestos dos outros também é analfabeto, é uma forma de analfabetismo corporal, uma perda da autonomia. Essa é uma questão interessante, vestir o corpo do outro.

Já para Damásio, não há a menor possibilidade de alguém fazer o gesto de outra pessoa, só temos uma única possibilidade que é a de fazer o nosso próprio gesto. Mas, na tentativa de simular o gesto do outro, o próprio gesto fica camuflado. E isso acontece mais do que se imagina, é preciso ter coragem para explicitar a singularidade. Martin Barbero diz que os grandes dispositivos de poder que enfrentamos hoje não formatam de maneira disciplinar os gestos, agem no desejo, por isso é mais difícil lidar com eles, porque às vezes a gente nem os percebe. Agir no desejo é complicado, é mais fácil lidar com uma ordem disciplinar. Essas coisas já foram bem discutidas, principalmente por Foucault. Voltando a Agamben, ele diz que o gesto sempre possibilita a exibição de uma mediação, e que é essa mediação que torna o significado visível. O que o gesto comunica não é o significado, o gesto comunica uma comunicabilidade. Eu achei isso interessante, tem a ver com o espaço disposicional que o Damásio fala, o espaço das potencialidades. É difícil encontrarmos pessoas falando sobre isso porque geralmente a bibliografia sobre gestos fala dos significados, do aspecto simbólico do gesto. Damásio e Agamben falam do processo, eles desestabilizam a ideia de um significado pronto. O que significa "comunicar a comunicabilidade"? Será que tem a ver com a potencialidade das disposições de Damásio? Será que tem a ver com o pré-movimento de Hubert Godard? Agamben continua e diz que em todo texto filosófico há uma lacuna que exibe a natureza e a precariedade da linguagem. É como se fosse uma gigantesca falta de memória, um defeito da fala. Essa lacuna não está só no texto filosófico, está em outros textos também: nos textos do corpo, nos textos dos testemunhos. Agamben escreveu um livro bem bonito sobre o testemunho que se chama *O que resta de Auschwitz*,[5] no qual ele analisou as pessoas que andavam pelos campos de concentração, campos de extermínio, que eram conhecidas como "muçulmanos", eram como mortos-vivos que andavam com um fio de vida, e nessa situação de precariedade do corpo, elas não conseguiam articular o gesto, não conseguiam articular o discurso, não conseguiam articular o pensamento. A pessoa que está nesse estado de "muçulmano" só tem um pensamento, a fome, não consegue articular mais nada. Agamben pergunta: "O que é possível testemunhar sobre eles?

5. Agamben, Giorgio. *O que resta de Auschwitz*. São Paulo: Boitempo Editorial, 2008.

Que memória pode ser evocada?" Porque testemunho, nesse caso, é sempre o que não é dito, o que não se dá a ver nem como fala nem como gesto, o significado está na fissura, naquilo que foi vivido. Tenho me perguntado muitas coisas que giram em torno dessa discussão: que gesto é esse que comunica a incomunicabilidade? Que memória é essa que testemunha a catarse das experimentações? Daí eu escrevi um livrinho que fala sobre isso, que se chama *O corpo em crise*,[6] e não fala exatamente sobre gesto, mas sobre situações de desestabilização profunda. Eu acho que há duas maneiras de se conversar sobre o gesto: ou falamos da construção do gesto ou falamos do colapso do gesto. E as duas coisas me interessam.

6. Greiner, Christine. *O corpo em crise: novas pistas e o curto-circuito das representações.* São Paulo: Annablume, 2010.

DL: O autismo é uma condição neurológica que dificulta o aprendizado do gesto, do lugar comunicacional do gesto, justamente. O que muitos autistas têm dificuldade de aprender é que um gesto como o de colocar o polegar para cima significa "positivo", no senso comum, ou que há uma expressão facial de tristeza e outra de alegria. Vamos aprendendo naturalmente o significado dos gestos, os bebês vão imitando os pais, vão entendendo quando um gesto é relativo a uma bronca ou a um carinho. Mas no autismo muitas vezes há um problema nessa comunicação, e isso tem de ser aprendido artificialmente.

Acho interessante pensar no senso comum. A maioria das pessoas pensa gesto apenas como os gestos de mão e de rosto, que comunicam claramente alguma coisa.

CG: Agamben diz que o que o gesto comunica não é esse aparente significado, mesmo porque isso é frágil. Os gestos têm significados diferentes em diferentes culturas, nunca é uma coisa monolítica, fechada. Ele diz que o que o gesto comunica não é seu produto final ou o significado pronto; antes disso, o que ele comunica é a comunicabilidade. Todos os que estão estudando algum aspecto cognitivo do gesto enxergam isso. Há um livro bem bonito sobre significado, do Mark Johnson, que se chama *The Meaning of the Body*,[7] no qual ele diz que todo ser que está vivo — não só da espécie humana — quer ter um significado, porque quer fazer alguma diferença. Essa diferença não precisa ser como a de uma pessoa cuja existência mudou a vida de outras pessoas. Pode ser no sentido de territorializar o espaço. É uma diferença que pode aparecer desde que somos pequenos, na presença do corpo no ambiente. Todos que vão exemplificar falam de um gesto simbólico, lógico, todos falam do gesto no senso comum. Mas essa é só uma das possibilidades que existem naquele movimento, uma das possibilidades de leitura daquele movimento.

7. Johnson, Mark. *The Meaning of the Body: Aesthetics of Human Understanding.* Chicago: The University of Chicago Press, 2007.

DL: E talvez haja um tipo de gesto e de movimento que pretenda fechar o significado.

CG: É, que sintetize uma coisa.

DL: Talvez na tentativa de facilitar a comunicabilidade. Quando falamos "árvore", por exemplo, temos uma ideia de árvore, árvore é um conceito que todos nós partilhamos, embora cada um de nós possa pensar em uma árvore diferente. Assim, certos gestos desejam ser como conceitos de linguagem, partilhados por todos.

CG: Para mim não há todos, há cada um. Quando você está num grupo e tem um acordo com esse grupo, todos ficam conectados a uma mesma coisa, pelo menos numa determinada situação, num determinado momento. Mas mesmo quando isso acontece, há a questão singular. Eu gosto muito de Didi-Huberman, que tem um livro chamado *O que vemos, o que nos olha.*[8] Ele fala da fenomenologia, sobre "ver alguma coisa", sobre as "experiências de ver tautologicamente uma coisa". Por exemplo, na arte, muitos artistas têm essa expectativa: "Eu quero que vejam isso na minha obra, não é para inventar outra coisa, não é para colar uma narrativa, é para ver aquilo que está acontecendo." Há também o olhar da crença que é o extremo oposto. Tem pessoas que assistem a um espetáculo assim: "Quero ver aquilo em que acredito, pouco importa o que está acontecendo aqui, isso é totalmente secundário." Didi-Huberman diz que não é ver a coisa tal qual ela é, porque não há realmente essa possibilidade, mas também não é essa visão cega que é a visão da crença. Não é nem uma coisa nem outra, é preciso ver no atravessamento. Por isso as dicotomias não sobrevivem, não temos a menor possibilidade de optar, vivemos na mediação: o jeito que se vê, o jeito que se sente, a maneira como nos comunicamos é sempre uma mediação, um atravessamento. É sempre tudo ao mesmo tempo. Mark Johnson, por exemplo, diz que seria mais adequado falarmos de "organismo ecológico" em vez de falarmos de corpo, cérebro, ambiente, porque é isso que somos, organismos ecológicos. Se as coisas acontecem sempre na interação não há sentido em fazer uma descrição como se nós mesmos estivéssemos suspensos, como se não fizéssemos parte do que nos circunda. Eu posso ser isenta de alguma coisa?

E, voltando à expectativa dos significados, na leitura dos gestos há uma expectativa de que eles correspondam a significados reconhecíveis, ou então não será possível entender o que a pessoa é, ou entender o que ela conta, porque não será possível ler os seus gestos. Nós nos deparamos com isso a toda hora, numa situação artística ou numa situação cotidiana. A gente conhece pessoas que são blindadas para o gesto, não conseguimos ler essas pessoas, elas comunicam uma comunicabilidade que não se consegue acessar.

DL: Será que estamos nos comunicando o tempo inteiro? Mesmo na não comunicação estamos nos comunicando de alguma forma?

8. Didi-Huberman, Georges. *O que vemos, o que nos olha.* São Paulo: Editora 34, 2010.

CG: Muniz Sodré fala que para comunicar é preciso criar um vínculo, é preciso ter um método científico, ou então a comunicação não acontece. Há vários tipos de comunicação, ela não se dá apenas pelo significado. Há um tipo bem anterior à comunicação do significado, que é por empatia. Essa comunicação empática é interessante inclusive se falarmos sobre os espetáculos de dança. Às vezes a pessoa não é capaz de dizer do que se trata um espetáculo, ela pode não ter feito uma leitura dos significados daquela experiência, mas pode ter vivenciado uma mudança de estado corporal. Então essa experiência comunicou alguma coisa para essa pessoa. Essa é uma conversa antiga, até na área de curadoria, de indústria cultural. Há uma arrogância de alguns curadores que pensam que determinadas plateias não estão preparadas para ver determinados espetáculos. Sabemos que isso não depende do espetáculo, depende muito da maneira como aquela experiência é apresentada. A plateia pode ter uma comunicação por empatia, que é um fenômeno bastante estudado também pelas ciências cognitivas. Quando você cria uma alça corpórea e se comunica, aquilo replica no próprio corpo, estando no corpo do outro. Alça corpórea é o termo usado para descrever esse processo de empatia através do qual uma pessoa constitui no seu corpo o mapa do corpo do outro. Por exemplo: alguém está sofrendo e chorando na minha frente, mesmo sem saber o motivo e sem conhecer a pessoa eu começo a chorar.

Há um cientista italiano, Giacomo Rizzolatti, que descobriu os neurônios-espelho, um grupo específico de neurônios relacionados à imitação, ao aprendizado e à empatia. A empatia se dá por muitas maneiras diferentes, pela respiração, por exemplo. Se um padrão de respiração é compartilhado, ele mexe profundamente, muda radicalmente os estados corporais.

Voltando à questão da comunicação, vou dar um exemplo de "comunica/não comunica". Tenho uma aluna em São Paulo que estuda um fenômeno de isolamento doméstico, no Japão, que se chama *hikikomori*. É um fenômeno no qual as pessoas não conseguem sair do quarto, ficam o tempo inteiro conectados ao computador, mas não se comunicam com ninguém. O fato de duas pessoas estarem presentes no mesmo ambiente virtual não significa que elas estejam se comunicando.

Da mesma forma como se diz "tudo é comunicação", se diz "tudo é representação". Tudo é representação porque as coisas nunca são elas mesmas, mesmo quando uma experiência íntima acontece, ela terá diferentes significados para quem está envolvido. A informação sobre objetos e seres vivos se constitui sempre nos processos de mediação.

Eu trabalho num programa de semiótica, e para a semiótica, ao se tirar da cabeça estereótipos e classificações, sobra uma coisa muito interessante: o reconhecimento de que a coisa nunca é tal e qual, ela sempre está em relação a outra, como exemplifiquei antes. Por isso, quando vivenciamos alguma coisa, ficamos diante de um fenômeno organizado, tal como ele parece ser, mas ficamos, também, sempre diante da desestabilização. A coisa nunca

está pronta. Acho que Damásio, Hubert Godard, Didi-Huberman estão numa mesma sintonia, entendendo que não há a coisa pronta. Por exemplo, ontem, vi vocês dançando[9] e, no começo do trabalho, um de vocês esculpe um gesto no outro. Um empresta seu gesto para o outro. O gesto é de uma pessoa, e na hora em que ele é feito no outro corpo já não é mais o mesmo, há uma tradução. Essa tradução se dá na singularidade de cada corpo, não há outra possibilidade. Por isso, cada vez que pensamos que algum gesto vai se repetir em outra pessoa, essa possibilidade falha. Porque quando alguém, supostamente, vai repetir um gesto, ele se organiza de novo naquele outro corpo como se fosse uma primeira experiência.

9. *Na noite anterior à da palestra, Christine assistiu ao espetáculo* 100 gestos, *de Dani Lima.*

THIAGO GOMES: Christine, voltando ao assunto comunica/não comunica, o que você fala nem sempre é o que eu entendo, mas comunica. Não é a mesma árvore, mas comunica. Assim, concordo quando você fala que a comunicação mora num lugar que depende do outro, ninguém comunica para si mesmo, precisa do outro, eu estou sempre comunicando alguma coisa para alguém. E quando é que não comunica?

CG: Quando não cria um vínculo. Não criar vínculo é não conseguir se abrir para a experiência do outro. Quando você entende uma coisa diferente do que eu falei, há a comunicação. Não comunicou aquilo que eu queria dizer, mas comunicou alguma coisa. Quando a comunicação não é a esperada, é outra, tudo bem, ainda é comunicação.

Quem propõe essa definição da comunicação como produtora de vínculo é Muniz Sodré, entre outros. Eu e Helena Katz, com quem trabalho há muitos anos, tínhamos certa dificuldade no meio da comunicação porque estudamos o corpo, e para ele virar um objeto da comunicação precisava ser assim: o corpo na publicidade, o corpo no jornal, as representações do corpo. Nós falamos de outra coisa. A gente inventou um nome para dialogar nessa área, o corpo-mídia. Não é o corpo na mídia, é o corpo que é mídia de si mesmo. Muniz Sodré é uma das pessoas da área da comunicação que também discute isso. Ele não usa essa nomeação que nós criamos, mas de certa forma dialoga com ela. No livro *As estratégias sensíveis*,[10] ele escreveu que a comunicação começa na percepção e não na veiculação de notícias, no veículo de comunicação, mas muito antes. Ele fala também de Spinoza, fala dos afetos, da ideia de ser afetado. Para comunicar alguma coisa é preciso existir uma afetação. Por isso o caso dos *hikikomori* é complicado, há um vínculo, mas com o computador, a afetação é pela máquina. É possível dizer: "Bom, indiretamente tem lá um circuito de informação..." Tem, mas a questão é que ele não consegue desenvolver, e cada vez que o vínculo começa a se fazer, ele logo se desfaz. Esse é um exemplo radical, mas conhecemos muitas pessoas no nosso cotidiano sobre as quais a gente fala: "Aquele cara tem dificuldade de se vincular, está sempre trocando..."

10. Sodré, Muniz. *As estratégias sensíveis*. Petrópolis: Vozes, 2006.

O corpo é um sistema aberto, não existe "o corpo", existe corpo-mente, corpo-cérebro e ambiente. Se pensamos como sistemas, temos uma chave para entender melhor como funciona. Se a gente pensa isoladamente, como coisas, "o corpo", "o cérebro", "o ambiente", fica difícil sustentar. Se pensamos como "sistema" é mais interessante porque tem a plasticidade do fluxo de informação. Isso não é fácil, porque quando começamos a entender o mundo, a vida, o corpo, o sujeito como sistemas, isso desestabiliza um monte de coisas. Pensar em se relacionar com sujeitos e objetos é um jeito de viver a vida, mas pensar em sistemas é um outro jeito de viver a vida.

Outra forma é pensar em mediações, processos, e não em coisas paradas, estagnadas. Temos a tendência de buscar estabilidade, precisamos de certa regularidade, até para podermos nos relacionar no mundo. Quando se reconhece que não é assim que funciona, que não existe o determinismo, é um inferno, uma falta de sossego. Ao mesmo tempo não é possível camuflar isso com a noção de ordem, de progresso. Reconhecer que não é assim causa um rebuliço na vida da gente, reconhecer que o sistema nervoso não é o único que produz conhecimento, que o sistema motor, o sistema imunológico também são cognitivos é o caos. Por que a gente tem tanta dificuldade de lidar com as doenças do sistema imunológico?

Isso também tem a ver com a discussão sobre teoria e prática. Pensávamos que estudávamos as teorias e aplicando-as os problemas seriam resolvidos. Era um mundo ótimo. Quando se descobre que nenhuma teoria é aplicável porque cada vez que se tenta aplicá-la, ela é reinventada, se descobre que se está, o tempo inteiro, lidando com o processo de criação. O processo de criação não é só colocar um trabalho em cena, escrever um livro, escrever uma tese. Quando se está fazendo uma pesquisa, se está criando. É a história de Damásio: relacionar o espaço imagético com o espaço disposicional. A metodologia tem de ser criada a partir daquilo que se quer estudar, ela não está pronta, não tem pressupostos dados.

DL: Isso é uma questão bem presente na dança contemporânea. Muitas vezes os criadores têm fórmulas prontas, têm aquele jeito de criar já estabilizado que, acreditam, dá conta de tudo, o tempo inteiro. Uma alternativa seria pensarmos que a metodologia de criação não vem pronta, ela deve ser descoberta a partir do objeto da criação.

Fiquei pensando também nesses gestos muito antigos que vão sendo transformados. Por exemplo, o gesto de positivo com o polegar, que é um gesto que vem lá dos tempos dos romanos. É curioso pensar que em algum momento ele teve um sentido específico que foi se transformando. Polegar para cima ou para baixo, o espaço em cima ou embaixo, o céu ou a terra e, naquele caso dos romanos, a vida ou a morte. Hoje a gente usa esse gesto, mantivemos alguma coisa que foi se transformando, foi se adaptando para o que faz sentido hoje. Alguém me falou sobre o gesto de apertar a mão. No passado você apertava

e chacoalhava as mãos para ter certeza de que não tinham armas escondidas dentro da roupa. Esse gesto representava a cordialidade: "Não há armas aqui entre nós." Ou o gesto de brindar, para ter certeza de que não havia veneno na taça de bebida oferecida. No brinde os líquidos se misturavam, assim sabia-se que ninguém estava envenenando ninguém. Esses gestos ficaram para nós como gestos de cordialidade, de acordo.

CG: William Clancey fala que a informação não está na coisa, ela está sempre entre. Eu vejo aqui uma informação: o caderno verde, mas eu vejo o caderno verde por causa de uma certa emissão de luz, por causa de uma certa leitura que eu tenho da cor verde, por causa de um certo ângulo. O caderno é verde na relação comigo. Eu estou falando de materialidade, há um ângulo de visão, procedimentos químicos, às vezes um objeto transforma o outro. Então a informação não é uma informação da coisa. De novo aquela conversa do sistema: ou se divide o mundo em coisas e sujeitos ou se pensa tudo na forma de sistemas. Se a gente pensar o gesto também sistemicamente, ele não é só o significado e nem é só a forma que eu vejo naquele momento, tem a ver com outras coisas.

DL: Exatamente. A gente não pode separar "o que" do "como". Toda coisa tem um como, e a mediação, o gesto, é o "entre".

ESPECTADOR 1: Dentro do trabalho de vocês, a expressão facial é, por si só, um gesto ou está anexada ao gesto para dar ou reforçar um sentido? Como fica a expressão facial dentro disso?

DL: Acho que a expressão facial, na maioria das vezes, é um gesto por si só, mas também há outras camadas nisso. Muitas vezes ela aparece envolvida na execução de um determinado movimento. Você vai fazer alguma coisa que tem uma intensidade e tudo em você, o rosto, a respiração, o tônus, está envolvido naquela ação. Às vezes fragmentamos um movimento e usamos partes isoladas para tentar dar maior visibilidade às partes envolvidas: só um gesto de mão, ou só o olhar...

ESPECTADOR 2: Eu fiquei muito intrigada com o começo da sua fala, quando você trouxe Agamben e a burguesia do século XIX que perdeu seu gesto, a partir daí ele se tornou uma obsessão. Essa obsessão de pegar emprestado o gesto do outro talvez tenha gerado muitos analfabetos. No trabalho que vimos, eles começam esculpindo os gestos nos outros, emprestam o gesto como se o estivessem formando para o outro. Quando você traz também a informação do Damásio, de ter um dispositivo de emoção ou de empatia, comunicabilidade, penso que quando a pessoa reproduz o gesto, na verdade está também se comunicando, não só informando o que aquele gesto informa, mas a sua própria relação com ele. Às vezes eu posso fazer o gesto do Hitler que não vai mais informar a imposição e o poder que informava, mas a minha relação com esse gesto. Talvez a própria contradição de não informar o que o gesto expressa, mas o paradoxo do que ele poderia expressar e do que eu sinto com ele...

CG: Acho bem interessante isso que você falou. Faço um gesto como o levantamento de braço do Hitler, e para mim aquilo significa outra coisa, então estou lidando com aquilo corporalmente de outra maneira, mas essa informação existe, é preciso saber como lidar com isso. A mesma coisa quando escrevo, eu escolho usar uma palavra e digo: "Ah, não, para mim essa palavra não significa isso." Mas essa palavra vem com uma carga semântica, o gesto tem uma carga semântica também. Isso que você identificou, que havia mesmo no exercício que eles fizeram e que a gente assistiu ontem, é uma coisa muito preciosa. Eu me aproprio do gesto do outro e o gesto do outro no meu corpo não funciona como um dispositivo para me silenciar, ele dá voz a uma singularidade que há no meu corpo, eu vou lidar com a ambivalência de tratar o gesto que é do outro, do qual eu me apropriei. Essa ambivalência é interessante.

Zeami Motokiyo, artista, dramaturgo e importante teórico japonês, escreveu os primeiros manifestos dos atores, e dizia que, ao apresentar uma peça de teatro nô a uma plateia, era preciso sentir como ela estava naquele momento, para conseguir se comunicar. No teatro nô não há improvisação, são padrões de movimentos dados. Então, para se adaptar à plateia, a improvisação tem de acontecer na sutileza daqueles mesmos movimentos, sem transformá-los. Zeami dizia que esse é o grau da circunstância, é preciso entender a circunstância e como se comunicar com quem está ali. Porque é isso que interessa, comunicar com o outro.

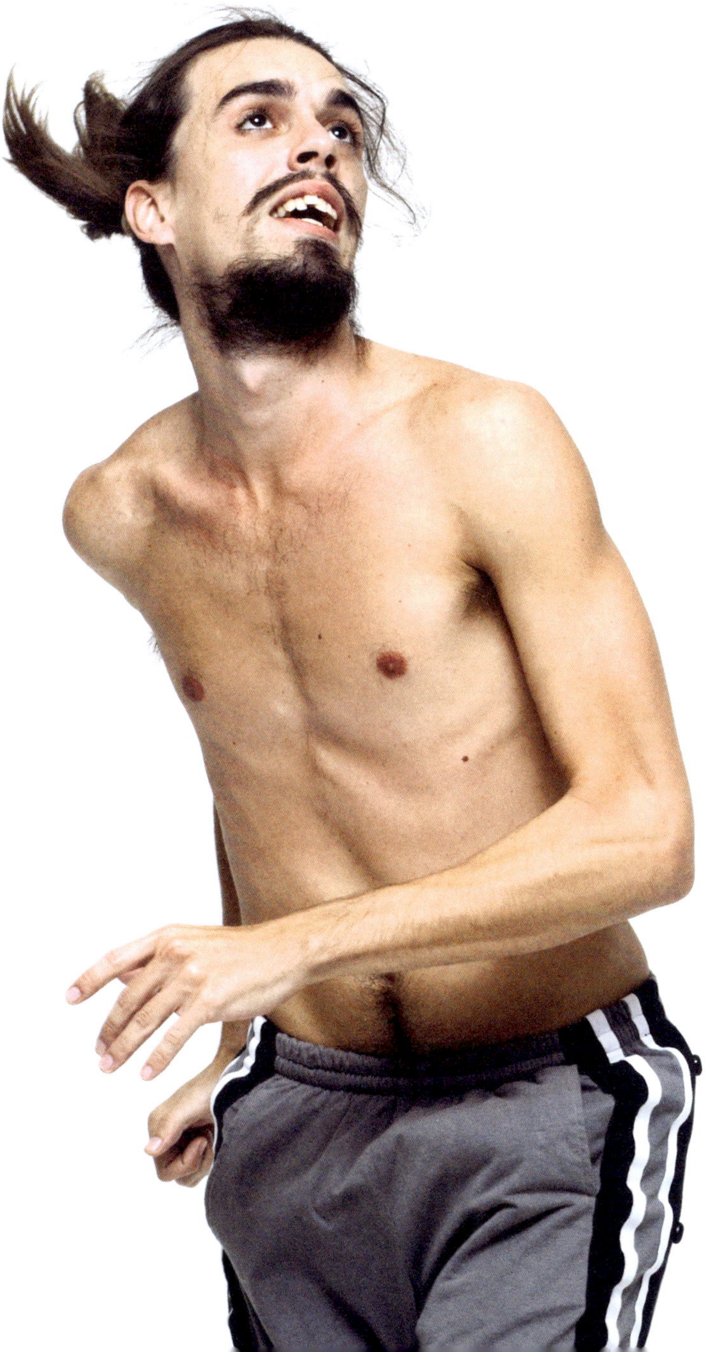

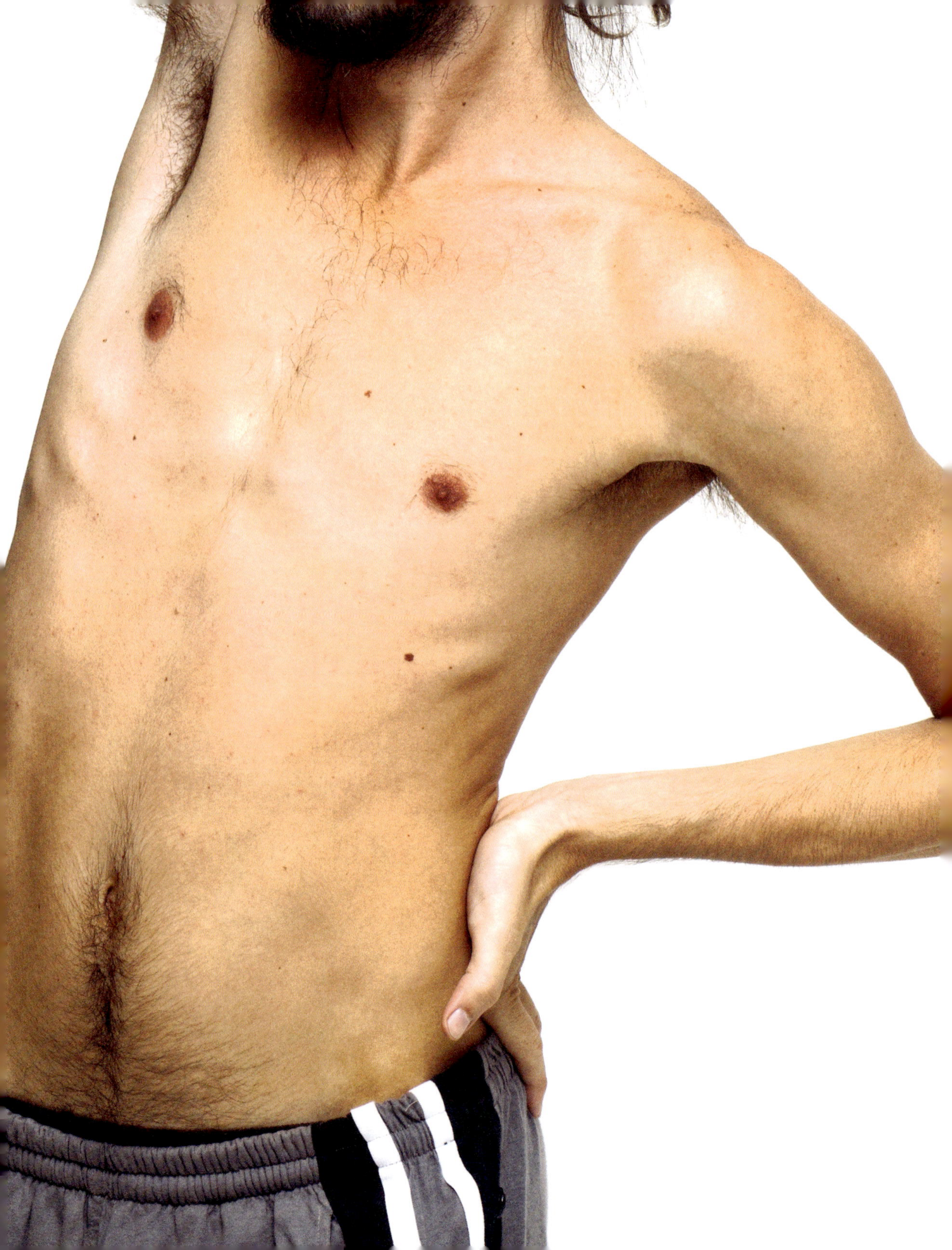

entrevista com **DENILSON LOPES**

Denilson Lopes é professor da Escola de Comunicação da UFRJ, ensaísta, crítico de cultura e arte contemporâneas.

DANI LIMA: Como a questão do gesto aparece na sua prática?

DENILSON LOPES: A rigor, essa nunca foi uma questão central para mim. Não era uma questão que eu tivesse estudado com detalhes, mas entrava no meu trabalho de diversas formas, ultimamente ainda mais. Minha referência mais antiga sobre gesto é de um texto do Nelson Brissac Peixoto, da PUC de São Paulo, chamado "Ver o invisível".[1] A partir desse texto, ele fez o livro e o filme *Paisagens urbanas*.[2] Brissac coloca uma coisa muito bonita que me fez pensar, que é a ideia de que há uma série de elementos que são inenarráveis, indescritíveis, que estão por trás da questão do sublime. Ele fala de três coisas, basicamente: a paisagem distinta de um espaço qualquer, o rosto e o gesto. Essa ideia do inenarrável, do indescritível, do que não pode ser falado, do que não pode ser representado, ele coloca no gesto. É interessante ver que, para ele, na nossa época, cada vez mais temos dificuldade de falar do que é inenarrável, do indescritível, porque não temos tempo. Uma das questões fundamentais do livro é a falta de tempo, a rapidez.

SILVIA SOTER: Então a impossibilidade de ser narrado, para ele, está relacionada à lentidão do narrar?

DEL: Como ele fala de filmes, tem a ver com um tipo de filme, de produção visual, que é mais lento, em contraponto à lógica da televisão, que é rápida. Por isso, Brissac diz que a televisão não tem gesto, tem pose.

DL: Isso é muito bom. Como você distinguiria essas duas categorias?

DEL: Até onde consigo entender, o mundo da pose é o mundo da publicidade, é o mundo da televisão, é o mundo da moda... Algo que não traduz o inenarrável, mas se coloca numa lógica do consumo. Acho que isso fica mais claro quando ele fala de rosto e o associa a pose. Ele diz que uma coisa

1. Peixoto, Nelson Brissac. "Ver o invisível". In: *Ética*. Org. Adauto Novaes. São Paulo: Companhia das Letras, 1992.

2. Peixoto, Nelson Brissac. *Paisagens urbanas*. São Paulo: Editora Senac São Paulo, 2008.

é o rosto maquiado da modelo, outra coisa é aquele rosto que exprime, que tem uma memória, que tem uma dor, que tem afeto. O corte dele é a questão da mídia. Ele diz que o grande papel da fotografia, do cinema é resgatar o gesto que possui a dimensão do sublime. O sublime é uma categoria muito importante no debate da estética, desde o século III D.C. Uma parte desses textos se perdeu, mas há um muito importante, que se chama *Do sublime*.[3] Uma das formas de falar do sublime é que ele é exatamente aquilo que você não representa, aquilo que você não descreve, aquilo que perturba. Pode ser alegria e dor, é um horizonte. É uma experiência tão perturbadora que não se consegue representar, não se consegue narrar, não se consegue falar. E como a arte pode se vincular com o sublime se ela é um horizonte em que as coisas são construídas a partir de materiais? Parece paradoxal falar de um cinema do sublime, falar de uma imagem sublime. Aí tem uma história[4] que não está no livro do Brissac. Do século XVIII para o XIX, o sublime era uma grande categoria na instituição da estética, como parte da filosofia, sobretudo para os românticos. E a grande referência do sublime era a paisagem, mas Brissac transforma o sublime numa categoria de análise, numa categoria estética. Não é só uma experiência particular, porque, afinal, se fosse, o que é sublime para mim poderia ser banal para você, e vice-versa. Aí entra a questão do gesto. Brissac diz que a fotografia, a pintura, o cinema podem resgatar o sublime, podem resgatar o gesto, que é algo que a TV não pode. Ele associa isso a certos procedimentos. Um deles, acho, é a questão do tempo, do tempo lento. Isso fica mais visível na questão do cinema em contraponto à lógica da televisão. Porque a lógica da mídia é a do bombardeio de informações, cujos detalhes não se pode perceber. Não há tempo para a contemplação. O sublime, no primeiro momento, demandaria uma contemplação. E para contemplar é preciso ter tempo. Pela lógica da televisão, aquilo já escapa e você não percebe.

3. Longino. *Do sublime.* São Paulo: Martins Fontes, 1996.

4. Lopes, Denilson. "O sublime do banal". In: *A delicadeza.* Brasília: Ed. UnB, 2007.

DL: Isso me faz pensar na lógica do arrebatamento sensorial, que é também a da mídia, na qual tudo tem que arrebatar e comunicar muito rapidamente. Pensando em oposição a isso, aquilo que não comunica rapidamente, ou não comunica com clareza, nomeadamente, solicita de você uma relação de experiência. E você talvez não saiba falar sobre o que é. A gente vê muito isso em dança. As pessoas vão assistir a um espetáculo de dança e querem entender o que estão vendo, mas entender está dentro dessa categoria da pose, de dizer "reconheço isso", "entendo aonde quer chegar". Entender não significa entrar em contato com uma sensação que você não sabe direito o que é, que suscita imagens e o mais.

SS: Voltando um pouco àquela categoria do gesto e da pose. Por um lado pode parecer contraditório, porque a pose talvez tenha uma relação com a paragem. A pose é uma imagem. A gente poderia imaginar um gesto como uma duração em movimento, como algo que se faz, e a pose como alguma coisa estática que é lida muito rapidamente. Será que haveria também uma oposição entre movimento e paragem, estática, se a gente pensar a partir da questão do gesto e da pose? Por outro lado, a pose é menos ambígua. Na publicidade a gente sabe, lê e apreende aquilo com muito mais rapidez do que talvez apreenda o gesto, que estaria num lugar de mais ambiguidade.

DEL: É, Brissac fala, por exemplo, que a paisagem não é simplesmente algo para ser contemplado. É algo que tem uma dimensão de memória e de afeto. Não é simplesmente algo distanciado. O que diferencia o espaço qualquer da paisagem é o que a faz pertencer, pela questão da memória e do afeto. Assim também o rosto pode ser visto como uma paisagem na medida em que ele traduz, exprime um afeto. E talvez o gesto, distinto da pose, também seja isso, aquilo que abre possibilidades. Eu estava tentando pensar no que muda no gesto, se pensarmos em uma imagem fixa, seja de que natureza for, e em uma imagem em movimento. Quando vi seu espetáculo, Dani, vi sem a intenção de pensar sobre isso, vi como espectador, curioso, que é a minha relação com a dança contemporânea. Era dado que era uma coleção de gestos, acho que identifiquei alguns, mas não muitos. Não sabia se eram, de fato, citações de coreografias, como pareciam ser.

DL: Você identificou isso no *100 gestos*? Parecia ter citações de obras de dança?

DEL: Como eu falei, minha formação é muito selvagem...

DL: Mas essa foi a sua sensação?

DEL: Eu não consegui ver uma unidade. Se é a lógica da coleção, é como pegar um verbete, é possível entrar de várias formas. Por acaso ali existe uma sequência dada para o espectador, mas poderia ser feita de outra forma. Para mim, de fato, ficaram coisas muito distintas. Será que é falta de referência minha? No debate das artes, nos anos 1980, havia o recurso do pastiche, que era um desejo de não falar da vida, mas da arte. De fazer citações explícitas, não como as intelectualizadas que Godard fazia nos anos 1960, mas de fazer um tributo. Inclusive incorporando questões da mídia. Era um momento em que as pessoas do cinema estavam fascinadas pelo cinema de gênero, filmes policiais, melodrama, coisas pelas quais o cinema moderno não se interessava. Era preciso fazer um tributo. Os personagens eram criados a partir de outros personagens. O gesto que se via não era simplesmente o daquele ator, o gesto emulava Humphrey Bogart, em *Casablanca*, por exemplo. Era um tipo de cinema pós-moderno, de pastiche, maneirista, que nutria esse gosto museológico, cinéfilo, mas com a ideia de citar por prazer. Hoje, em 2013, o contexto é outro. Não sei como foi essa ideia de os dançarinos lidarem com

as referências, se foi proposto assim: veja tal filme, ou veja o vídeo de tal coreografia e dê uma resposta a isso. Tem a memória, a lembrança. Se você não tem o registro, tem a lembrança.

DL: É interessante pensar nessa coisa da lembrança. Trabalhamos com o que está inscrito no corpo como lembrança, como memória. Então depende de muitas coisas.

DEL: Inscrito no corpo do dançarino?

DL: Sim. As experiências que eles viveram enquanto dançarinos, na formação, enquanto pessoas, os filmes que eles viram, as referências, os clipes.

SS: Não só coisas que eles dançaram, mas também as que gostam.

DL: Porque na verdade você também fica impregnado das coisas que vê. Às vezes você imita uma imagem que viu e nem sabe que está imitando. Alguns imitam muito bem, alguns imitam mal, alguns se apropriam sem nem se dar conta... A proposta era de que os universos gestuais fossem diferentes, porque havia uma outra camada que era a de cada um deles como produtor do seu gesto, como autor de um gesto próprio na dança, de um discurso gestual, que é resultado de sua bagagem de vida. E eles são muito diferentes entre si. Têm nacionalidades, realidades socioeconômicas, *backgrounds* em dança, e universos gestuais distintos também. Mesmo sem conhecer muito de dança, pode-se perceber isso. Não existe unidade, eles vêm de lugares diferentes, têm formações diferentes, e diferentes *approches* do movimento. Inventariam, cada um a seu modo, dentro do seu próprio repertório de gestos, uma série de referências e gestos próprios.

SS: Há referência a uma história da dança na peça. Em alguns momentos é possível identificar informações de gestos de alguns criadores importantes da dança moderna, há uma forma de mover que está ali, mas ao mesmo tempo tem a Carmen Miranda, tem o cinema japonês.

DEL: Não eram referências só suas, eram deles também?

DL: Eram minhas na medida em que eu os ajudei a selecionar, a editar.

SS: E eles têm idades muito diferentes. Eles incorporam referências que talvez não façam parte da história de quem tem entre 40 ou 50 anos hoje.

DL: É, e algumas referências já vêm reprocessadas. A gente tentou absorver isso também no espetáculo, coisas que foram se transformando. Não importava a origem de um determinado gesto, não era para refazer uma coisa tal e qual, mas ver o que dela restou como matéria no corpo do bailarino.

DEL: Isso é legal. São coisas diferentes: o que é importante porque é uma coisa referencial, um monumento, e o que ecoa nos corpos presentes.

DL: O projeto inicial se chamava *100 gestos que marcaram o século XX*, e a gente começou a se perguntar: marcaram para quem? Para a revista *Times*? Para *O Globo*? Marcaram para quem? Para os livros da história da dança? Para a indústria pop? Então fomos para os sujeitos que estavam ali e trabalhamos com o que eles tinham, com o que os marcou, com o que estava escrito no corpo deles. Outra coisa importante no projeto foi o desejo de olhar para a dança enquanto gesto. Esse era o propósito maior desse projeto. Porque, no senso comum, falamos muito de gestos, mas pouco se fala da dança enquanto gesto.

SS: Existem autores que fazem a distinção entre movimento e gesto. Isso apareceu ao longo da pesquisa. Mesmo o conceito de gesto muda em cada área. O que seria movimento e o que seria gesto? A dança moderna é uma dança que tem seus passos, mas que tem também gestos. Mesmo quando se pensa o balé clássico, existe a pantomima. Qual é a natureza da pantomima? Gesto ou movimento? Há momentos mais abstratos em um balé narrativo, por exemplo? É interessante como essas categorias vão mudando dentro do pensamento da dança.

DL: Nesse projeto eu tinha o desejo — isso talvez se comunique com o cinema — de olhar para o corpo se movendo e, ultrapassando a questão dos pastiches e das referências, vê-lo como produtor de um gesto não nomeado que comunica coisas. Pensando em categorias de movimento ou categorias de presença: um bailarino que dança olhando para o seu espectador, ou que dança absorto em si mesmo. São gestos que estão no modo de se movimentar que mostram muito sobre esse bailarino, esse coreógrafo, esse criador.

DEL: Acho que aí tem algo engraçado para a questão do cinema. Na medida em que o cinema foi se pensando como narrativa centrada em diálogos, ele foi perdendo a dimensão do gesto. Como se o corpo fosse o suporte para a cabeça que fala, porque é o diálogo que sustenta o drama, o texto. E com a televisão isso acontece ainda mais. Essa é uma diferença do gesto no cinema e do gesto em um meio sem a mediação da câmera, porque a câmera recorta: o rosto, a mão, o close, o plano médio. Quando estamos em um espetáculo de dança, num lugar fixo, o que vemos é um conjunto. Claro que eventualmente podemos nos deter mais em um dançarino, mas temos o quadro geral. Já no cinema há a montagem. Para o cinema clássico, o afeto é sobretudo o

rosto, que é o gerador da grande emoção, do melodrama. Essa grande emoção pode até ser a mão, mas ela vai ser pensada da mesma forma que o rosto. Se a mão é mostrada é porque ela tem um sentido dramático. Não é uma mão qualquer.

SS: E, nesse sentido, a coluna vertebral também pode ser rosto. Se você diz que a mão pode ser rosto, há uma transformação de alguma parte do corpo. O rosto se faz gesto.

DEL: O Deleuze fala que a imagem-afecção é o rosto e o primeiro plano, porque a gente pensa que vai acontecer um grande momento dramático. Todo o esforço do cinema moderno, da imagem-tempo, ao contrário, é retirar isso e recuperar a banalidade do gesto, a banalidade das coisas.

SS: Isso é o que ocorre com a dança pós-moderna. Por exemplo, *Satisfying Lover*, do Steve Paxton, é uma peça toda de caminhadas, de atravessar o palco, uma *walking piece*. São deslocamentos aparentemente banais que ali ganham outro status. Isso é diferente da grande densidade do gesto da dança moderna.

DEL: Porque nesse caso vão acontecer outras propostas dramatúrgicas que não são centradas na ideia do drama, do confronto, do conflito. A questão do cotidiano passa a ser importante, a busca de um real, do banal, de pessoas comuns, não atores. Até o trabalho com o plano médio, porque é uma forma de pensar não mais o rosto, que é o momento da grande atriz, ou da mão que vai pegar a faca para matar. É o contrário. Há várias experiências no cinema que vão tentar se distanciar do rosto para recuperar o corpo. Eu gosto muito do Ozu, ele trabalha com o plano médio para tentar evitar o recurso do melodrama, que é o rosto. Em geral, é usado o plano médio, e quando há um momento de grande emoção ele corta e mostra um bule de chá, um objeto, mostra um trem. A ideia é não seguir a lógica da identificação, da intensidade, o que não quer dizer que não haja emoção: a atenção vai para outras coisas. Daí o resgate do banal, do cotidiano. A tendência da mídia, ainda mais no mundo das celebridades, é trabalhar com os momentos excepcionais. A discussão é o espaço do gesto comum, da pessoa comum. Por isso acho que o cinema contemporâneo tem um fascínio muito grande, tanto no documentário quanto na ficção, por pessoas comuns, por não atores, por gestos banais. O que não é exatamente a volta ao cinema moderno, de tempos ultra-alongados, mas é uma procura por outra dramaturgia, por outra encenação.

DL: A partir do texto do Agamben "O autor como gesto",[5] a gente também poderia pensar no estilo de um determinado diretor de cinema como gesto? A montagem, a escolha dos planos, toda essa sintaxe cinematográfica como um gesto em um determinado sentido?

5. Agamben, Giorgio. "O autor como gesto". In: *Profanações*. São Paulo: Boitempo, 2007.

DEL: Acho que são duas formas distintas. Pensar autoria como gesto é diferente de pensar o gesto dentro da obra. Quando se fala "autor como gesto" parece uma metáfora para desconstruir, problematizar a noção de autor. Acho talvez mais interessante pensar o corpo mesmo. Como o corpo aparece? O que significa uma mão? Há um filme do Harun Farocki, *A expressão das mãos*, que é feito só com gestos de mãos. O que significa, o que pode um gesto? Um gesto pode muitas coisas, mas não todas. Para mim, a grande contribuição da dança para a compreensão do cinema é o resgate das possibilidades do corpo, de uma dramaturgia do corpo. Há vários tipos de corpos, também: corpos que se apagam, corpos que se prestam não só à fala. Esse diálogo faz falta. Acho importante uma educação estética para perceber o corpo e o gesto. E não necessariamente o gesto da dança, mas o gesto da vida, o modo como a gente lê o outro, percebe o outro.

SS: Pensando em ler o outro, talvez a gente pudesse aproximar duas ideias que são gesto e postura. Como se relacionam essas duas questões? É possível perceber o estado do outro lendo sua postura, mesmo antes de qualquer movimento visível. Por exemplo, a postura da Vênus, de Botticelli, parece parada. Mas seus pés não estão apoiados simetricamente, ela insinua um gesto em espiral.

DEL: E o que significa a imagem estática no tempo? Essa é uma questão para o cinema e para as artes performáticas também. Uma coisa é ver um quadro, depende do seu tempo, de quanto você quer ficar ali para contemplar, ver um detalhe. Mas qual seria o tempo gasto pela Isabelle Huppert para fazer *4:48 Psychosis*, de Sarah Kane, dirigido por Claude Régy, sem se mover, só falando? É a corporalidade dela que está ali. O espectador se educa, busca perceber detalhes que não perceberia se ela estivesse se movimentando normalmente. É a mesma coisa em relação aos tempos alongados do cinema: por exemplo, quando se mostra um cara dormindo por oito horas, como no caso do filme *Sleep*, do Warhol. Não vai acontecer nada, ele não vai ser assassinado, é simplesmente uma coisa banal. Há duas reações possíveis: perceber os detalhes que não seriam percebidos ou estabelecer outra relação com o que se vê, inclusive se levantar e ir embora. Vivemos num mundo marcado pela desatenção. Essa desatenção não é em si negativa, é uma outra lógica de percepção.

SS: Mas o tempo da experiência realmente se transforma.

DEL: Exatamente, não é melhor ou pior, é distinto. Walter Benjamin, no texto "A obra de arte na era de sua reprodutibilidade técnica", já falava disso, dessa ideia de atenção e desatenção. São formas distintas. Como fica a questão do gesto nessa rapidez, a gente não percebe mais? Ou percebe de

forma distinta? O seu trabalho, Dani, é um trabalho contemplativo. Com várias séries e situações. Demanda a situação tradicional de sentar e assistir por 1h15. Você vê e diz: "Bom, são várias performances autônomas, são coisas meio parataxes, frases coordenadas que não dialogam e, sim, se entrecruzam... não vou pensar muito e vou indo." Às vezes há coisas que emergem, outras que não. Mas é muito coordenado, com frases coordenadas e não subordinadas, na qual uma coisa se articula necessariamente a outra. Por isso na lógica do verbete, do dicionário, da coleção, pode-se ter várias entradas. Agora, por que colecionar gestos? Para voltar a algo que se recupera, algo que foi importante para cada um dos performers, e talvez isso possa ser compartilhado ou possa tocar a quem vê. Acho que vocês devem ter tido reações distintas, talvez tenham cenas que mobilizem mais, talvez as coisas mais pop.

DL: Acho que não dá para fugir da questão da identificação. Cada um se identifica, se comunica com o gesto de algumas pessoas e não com o de outras. Em cada corpo que se move há um discurso, no jeito de se mover, na escolha dos materiais. Nos *100 gestos* de cada um também há um discurso.

DEL: Fico pensando em como um gesto consegue fazer a obra ser distinta. O gesto é como um *punctum* do Barthes na fotografia. Aquela coisa que prende. Acho que o gesto pode ser uma forma de desconstruir ligações lineares. Por mais que se possa pensar em uma sequência, como se começa e se termina um gesto, um movimento? Para um leigo, como eu, é um movimento contínuo no qual se pode demarcar certas coisas, mas é tudo tão interligado. Isso é interessante quando se pensa em uma dramaturgia que não é linear, que não é sequencial. Você trabalha com fragmentos, com momentos de emergência, de suspensões.

DL: A gente trabalhou assim na composição. É uma composição feita de pedaços, de fragmentos distintos, de fontes distintas. Mas na hora em que ordenamos tudo numa sucessão, percebemos uma tendência em transformar todas as diferenças em uma única sequência, fazer daquilo tudo um gesto único, unificando as diferenças em torno do sujeito que dança.

DEL: Mas também tinha outra coisa, porque mais de uma vez havia vários dançarinos juntos, então não era o mesmo gesto, ainda que pudesse ter um gesto em foco, outras coisas já aconteciam. Acho que essa é a vantagem de ter várias vozes, vários núcleos... Não é preciso separar cada cena para cada performer. Posso estar dizendo algo óbvio, mas, enfim, acho que há mais possibilidades quando você liga vários focos.

SS: Claro, você está falando dessa ideia da câmera como escolha. Talvez do ponto de vista do cinema isso seja algo diferente. Quando você fala que a câmera já faz a escolha, já emoldura e já diz o que vai mostrar...

DEL: Mais do que isso, é possível ter mais elementos em cena. Bob Wilson, por exemplo, quer, naturalmente, trabalhar uma ideia de polifonia, que não tenha apenas o ponto dramático. Então você pode escolher no que prestar atenção, o que ver, perde-se a dimensão de uma organicidade, de uma totalidade.

SS: É, porque você pode colocar isso sem estabelecer *a priori* uma hierarquia. Na dança é possível ter cinquenta pessoas em cena e orientar absolutamente o olhar do espectador. Ou no balé. Tem 32 pessoas em pose, no *Lago dos cisnes*, e um duo no meio, um *pas-de-deux*, e é para lá que o espectador tem que olhar. Todas as diagonais estão organizadas para o lugar privilegiado do olhar. Também há o recorte.

DEL: Que daí mantém uma estrutura mais tradicional, centralizadora.

DL: Outra forma de pensar a relação do cinema com o gesto é a de que o cinema e todas as tecnologias da imagem em movimento são grandes disseminadores de gestos. Antes do cinema existia a fotografia, e antes a pintura e a literatura faziam esse papel. Mas o cinema tem uma força brutal na disseminação dos gestos, alcançada depois pela televisão e hoje pela internet. A Beyoncé lança um clipe nos Estados Unidos e uma semana depois, em uma cidade do interior da Tailândia, dois meninos fazem a dança igual a dela. É um gesto que se dissemina para o outro lado do mundo. Essa é uma questão que proponho: qual é o papel das tecnologias de imagem como disseminadoras de gestos em grande escala?

DEL: Acho que têm um papel até no sentido pedagógico, no sentido de educação. No filme *The Celluloid Closet* [O outro lado de Hollywood], de Jeffrey Friedman e Rob Epstein, que mostra a história da homossexualidade, do transgênero no cinema comercial, desde as primeiras imagens, em 1895, há um depoimento superengraçado do Tony Curtis, que fez *Quanto mais quente melhor*. Ele fala que foi o Clark Gable quem o ensinou a beijar.

DL: Exatamente. Hollywood inventou um homem e uma mulher.

DEL: E o que se deve fazer diante de uma mulher e diante de um homem.

SS: Ou como fumar. O glamour do cigarro...

DL: E há, também, momentos. Nos anos 1940, em plena ascensão de Hollywood, os filmes começam a ir para o mundo.

DEL: Esse é o grande momento da indústria. A estrela tem um papel muito importante na questão de uma certa gestualidade. Edgar Morin tem esse livro

6. Morin, Edgar. *As estrelas: mito e sedução no cinema.* Rio de Janeiro: José Olympio, 1989.

famoso, *As estrelas*,[6] no qual ele fala que o apogeu das estrelas não foi nos anos 1930, mas nos anos 1920, quando os filmes eram mudos. Elas eram seres que só existiam no mundo da tela. Eram aqueles personagens que não falavam.

SS: Você podia projetar uma voz para elas.

DEL: É, e isso tem uma dimensão mítica, era pura gestualidade. Por isso ele diz que o seu apogeu foi nos anos 1920, quando elas eram muito mais misteriosas. Depois começa a ter coisas como: "Na cozinha com Katherine Hepburn — ela também tem problemas de bebida." E elas passam a falar. Com o cinema falado o gesto fica subordinado à fala.

SS: Isso é interessante porque você recupera a ideia de que o cinema mudo é um cinema de gestos. O cinema mudo também trabalha com essa dimensão.

DL: Um gesto que tem que dar conta de uma série de coisas...

SS: Um gesto que seja talvez mais pose, no sentido de que rapidamente é decodificado.

DL: Totalmente. Ele tem essa força, o rosto como gesto está ali, enorme. Sobrancelha, as expressões todas têm que dar conta desse lugar todo.

DEL: Por isso aparece uma outra gestualidade que é a do cinema moderno. Para muita gente o cinema mudo era o do *overacting*, do exagero. Inclusive, D.W. Griffith, o grande diretor do cinema clássico, era um péssimo ator shakespeariano, porque era excessivo. Aquela coisa que vem da mímica, do teatro popular, é muito exagerada. Com o cinema moderno há um novo reencontro. É possível falar, não falar, usar detalhes, de formas mais sutis, de gestos, não é preciso dizer tudo, ou pode-se dizer de outra forma. Acho que tem uma nova articulação, que não é a negação da fala.

SS: E é possível contradizer coisas também. Na leitura da imagem, você tem a possibilidade também de contradizer. É um gesto que não cola, e isso é a informação.

DEL: Acho que o cinema moderno amplia essas possibilidades a partir dos anos 1940.

DL: Que estratégias gestuais tem o cinema? Onde o gesto aparece no cinema, não o gesto do ator, mas o gesto cinematográfico mesmo?

DEL: Ele está na montagem, na fotografia, em uma série de elementos. Acho que o cinema brasileiro tem um gesto forte na fotografia, que pode se aproximar da pose, pode se aproximar de uma composição plástica interessante, na montagem, no diálogo, mas faz falta uma dramaturgia do corpo no cinema contemporâneo. Acho que o cinema brasileiro evoluiu muito em montagem, roteiro, fotografia. Mas tem um problema na forma de pensar isso, acho que talvez porque tenha se afastado muito do teatro e da dança. Não sei se o cinema já esteve próximo da dança, mas tinha uma proximidade com o teatro que se perdeu.

DL: Haveria outros filmes e criadores mais ligados ao corpo? O Ozu, por exemplo; você considera que o cinema dele tem um gesto mais ligado ao corpo? Ele tem uma ligação com o cotidiano, com o banal. O que seria trazer o corpo para o cinema enquanto gesto cinematográfico?

DEL: Acho que tem alguns diretores que são, inclusive, referências para o pessoal mais novo. Ozu é um deles, faz planos estáticos, planos médios. O diálogo nunca diz muita coisa, são histórias de dramas familiares que se repetem. Mas o fundamental não é dito pela palavra. Isso é que é interessante, são pequenos gestos.

SS: Você agora tratou de uma coisa importante: um cinema em que o fundamental não é dito pela palavra. Porque aí o lugar do gesto...

DEL: ...se amplia. O Bresson faz muito isso também. Apesar de ter a palavra seca e corpos muito... não é à toa que Bresson pode dialogar com Beckett, no sentido dos corpos exauridos, parados. Gosto muito de *Mouchette*, que é um filme com o qual trabalho bastante. Se você for contar a história, vai parecer pior, mais sem saída que *Dançando no escuro*, com a Björk. Mas a direção é completamente distinta. Ou, se vocês quiserem comparar, a *Joana d'Arc* do Dreyer é o apogeu do rosto e a *Joana d'Arc* do Bresson é mais fria, mais distanciada; ele usa só os processos jurídicos. São duas visões completamente diferentes da experiência humana: uma através da imagem do rosto, da fé e da transcendência; outra através do aspecto jurídico, das coisas sem transcendência, sem metafísica. Acho que há muitas possibilidades. Hoje há cineastas que têm produzido com esse tipo de esforço. Às vezes se aproximam do documentário, não necessariamente de entrevista. Eu gosto muito do Cao Guimarães. Ele faz uns filmes bem interessantes. Tem um que eu adoro, que é *A alma do osso*. É a história de um eremita, no norte de Minas Gerais. É uma pessoa que não fala... Supostamente é um documentário muito próximo da videoarte porque tem a lógica da paisagem, já que o eremita não fala durante a maior parte do filme.

Esse filme sobre o qual escrevi recentemente, *Transeunte*, do Eryk Rocha, é basicamente isso, um homem que caminha. O cotidiano dele. Aposentado, no centro do Rio de Janeiro, ele se levanta, faz as coisinhas, vê o prédio da frente

que está sendo construído. À noite ele vai ao barzinho, tem todo um trajeto, a vida dele é um caminhar. Não há grandes dramas nem grande solidão, nenhum momento de grande desespero.

SS: O filme do Eryk Rocha seria também uma *walking piece*. Como se transforma isso em uma categoria de algo que vale a pena ser filmado? Que dança entra nessa categoria?

DEL: Acho que essa é uma questão para a dança também. Qualquer movimento é dança? Qualquer gesto tem sentido?

SS: Andre Lepecki, no *Exhausting Dance*,[7] fala de como, para a dança moderna, a ideia de dança não se dissociava de um corpo em constante movimento. A gente ainda vê hoje, na dança contemporânea, essa relação, mas existem outras famílias da dança para as quais a questão da ação, da agitação não é tão central.

7. Lepecki, Andre. *Exhausting Dance: Performance and the Politics of Movement*. Oxford: Routledge, 2006.

DEL: Uma ação mais discreta, no caso. O cotidiano e o comum são questões muito importantes hoje para certo cinema contemporâneo. Como construir com isso uma dramaturgia?

SS: Por exemplo, hoje sabemos que é possível fazer dança a partir do gesto ordinário. Historicamente pode se pensar nos anos 1970, no Grand Union, na Judson Church, no momento que depois foi definido como o da dança pós-moderna americana. Essa era uma ideia importante para esse grupo, trazer o cotidiano, o gesto que não está investido de grande densidade, de grande expressividade *per se*, e colocá-lo ali, no lugar do passo de dança. Que tipo de presença isso supõe, que tipo de corpo isso demanda? Ele pode ser pequeno, ele não é espetacular, os espaços podem variar...

DEL: Acho que aí há similaridades com o cinema moderno, poder sair do estúdio, nos anos 1940, poder incorporar não atores, incorporar outras histórias; não é mais o cinema de gênero, não tem mais certos códigos. Porque o cinema de gênero, o melodrama, o terror, o suspense criam códigos de corporalidade, de ação, de narrativa. O cinema moderno recusa o cinema de gênero e busca estar na vida, ao ar livre, isso pode trazer estruturas mais abertas, traz um primeiro momento de arejamento desse cinema. São muitas possibilidades, alguns diretores vão trabalhar mais com o espaço. Para Antonioni, por exemplo, o grande personagem é a paisagem. São personagens-paisagens, que não importam por aquilo que dizem, mas pela relação que possuem com o espaço. No cinema experimental tem aqueles que vão abandonar a figura humana. No trabalho de Michael Snow não tem figuras humanas, tem só o espaço. Acho que a videoarte muitas vezes se aproxima dessa potência do espaço. Mas quando o espaço ainda é gesto? Eu não sei. Por isso essa ideia de pensar afetos que não são humanos. Os gestos seriam sempre humanos? Haveria um gesto inumano?

DL: Acho uma boa pergunta. Os objetos estão impregnados de gestos... Mais uma última coisa. Você falou da nostalgia da ideia de experiência... e começou falando desses autores e de uma certa nostalgia com a experiência perdida, relacionada a outra experiência do tempo também. Fiquei pensando se o projeto do espetáculo *100 gestos* não tem um pouco dessa nostalgia, de um desejo de indagar se os corpos e suas danças ainda podem provocar novas formas de subjetividades artísticas, novas experiências de mundo.

DEL: Essa é uma palavrinha superbonita, né? Experiência. E como essa experiência se dá hoje no mundo da mídia? Acho que a ideia da mídia, da imagem, é também experiência. A gente aprendeu a beijar vendo tal ator num filme, vendo o movimento tal, tudo isso faz parte do nosso repertório. As músicas que ouvimos, que marcaram nossa vida, não são só mercadoria, não são só consumo. A imagem, a mídia, os meios de comunicação de massa, o que está no som, o que está no imago, o que está no gesto, tudo isso faz parte da experiência. É uma experiência multimidiática, de vários sentidos, e isso nos alimenta. Para o pior, para o melhor, para os clichês, para outras coisas. Mas acho que essa palavra é crucial: experiência. Até que ponto isso seria também uma recusa da mídia? A mídia é o espaço meramente do clichê, do consumo? A Carmen Miranda, por exemplo, virou clichê transnacional e sua imagem pode ficar datada ou pode voltar revitalizada. Mas não é só clichê, se é algo que mobiliza ainda.

SS: Depende de como você a atualiza. Aquela Carmen Miranda dos *100 gestos*, eu a vejo totalmente atualizada. Essa Carmen me lembra que Beyoncé é Carmen Miranda. É como se tivesse muitas camadas de uma ideia de Carmen Miranda na obra.

DEL: É, acho que esse é o gesto bonito: a atualização do passado. Senão fica uma coisa morta, é um movimento morto. De que maneira o passado pode mobilizar? Essa é uma ideia benjaminiana, a de que todos nós temos uma pré-história e uma pós-história. Isso diferencia a melancolia da nostalgia. A nostalgia, segundo Benjamin, seria o desejo de recuperar o passado. Já na melancolia o passado nunca acaba de todo, é aquilo que move o presente. O passado nunca acaba de todo. Ele nos faz vivos.

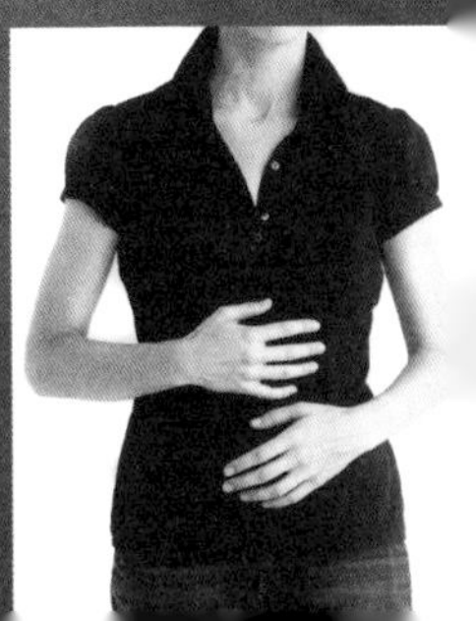

Citações

P. 39: Eco, Umberto. *A vertigem das listas*. Rio de Janeiro/São Paulo: Editora Record, 2010, p. 327.

P. 45: Agamben, Giorgio. *Notas sobre o gesto*. Artefilosofia/Instituto de Filosofia, Artes e Cultura/Universidade Federal de Ouro Preto/IFAC, nº4. Ouro Preto: IFAC, 2008, p. 13.

P. 60: Heidegger, Martin: *Que chamamos pensar?* Tradução (em elaboração) de Edgar Lyra, a partir de *Was heiÐt denken?* Tübingen: Max Niemeyer, 1997.

Fotos

Fábio Seixo
Pp. 2–3, 4, 5, 14, 16, 17, 18, 19, 20–27, 32–33, 36–37, 40, 47–54, 56, 61–69, 70, 84–88, 98–104, 116–120, 128–132, 142–146, 156–160, 172–176, 186–190, 202–206, 220–246. Flip Book.

Mônica Prinzac
Pp. 12–13, 18, 19, 55

Dani Lima
Pp. 18, 19, 28–31, 58 (acervo pessoal)

Renato Mangolim
Pp. 18 e 19

Tony Hewerton
Pp. 18 e 19

Lindon Shimizu
Pp. 18 e 19

Vaslav Nijinsky, p. 34
Corbis/Latinstock

Carmen Miranda, p. 34
Direitos de Carmen Miranda licenciados por CARMEN MIRANDA LICENCIAMENTOS LTDA. (CQ RIGHTS)/Silver Screen Collection/Getty Images

Still do filme *Deus e o diabo na terra do sol*, p. 34
Imagem cedida pela Cinemateca do Museu de Arte Moderna do Rio de Janeiro sob licença de Copyrights Consultoria Ltda.

Bruce Lee em Operação Dragão, p. 35
Warner Brothers/Getty Images

Elvis Presley, p. 35
© EPE, Reg. U.S. Pat & TM Off.
Elvis and Elvis Presley are registered trademarks with the U.S. Pat & TM Off.

Swing Time, p. 35
Hulton Archive/Getty Images

Sandro Boticcelli, *O nascimento de Vênus, p. 35*
S.S.P.S.A.E e para o Polo de Museus da cidade de Florença – Gabinete Fotográfico

From Here to Eternity, p. 40
© 1953 Columbia Pictures Industries, Inc.
Todos os Direitos Reservados
Cortesia da Columbia Pictures

Creature From the Black Lagoon, p. 41
© 1954 Universal Pictures Company
Cortesia da Universal Studios Licensing LLC/Ed Clark/Time Life Pictures/Getty Images

Greve dos professores de São Paulo. Clayton de Souza/SP press, p. 41
Copyright © Agência Estado
Todos os direitos reservados

Noivo sorrindo carregando sua noiva, p. 41
Super Stock/Getty Images

A Pietá, de Michelangelo (1475-1564). Basílica de São Pedro, Vaticano, p. 41
DEA/M. CARRIERI

Routledge: *Victorian Mother and Child*, p. 43–44
University of Florida Digital Collections, *ufdc.ufl.edu/UF00035187/00001*

Sandro Boticcelli, *A anunciação*, p. 57
S.S.P.S.A.E e para o Polo de Museus da cidade de Florença – Gabinete Fotográfico

Detalhe do programa do espetáculo *100 gestos* – Radiográfico, p. 19

Editora de Livros Cobogó Ltda.
Rua Jardim Botânico, 635/406
Rio de Janeiro – RJ – 22470-050
www.cobogo.com.br

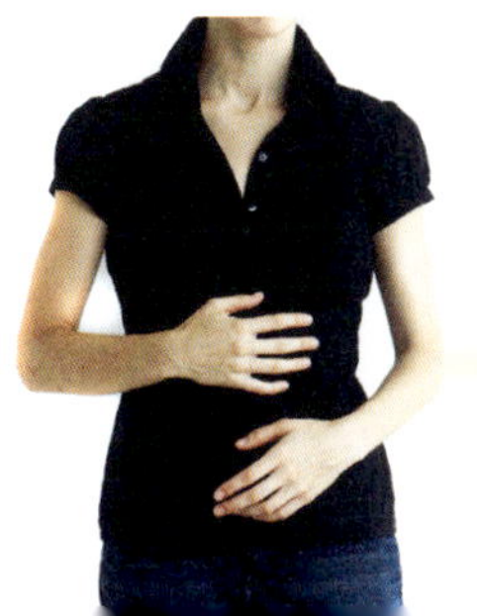

IDEALIZAÇÃO
Dani lima

ORGANIZAÇÃO
Dani Lima
Mariana Aurélio | Imagens
Silvia Soter | Textos

COLABORAÇÃO NAS ENTREVISTAS
Christophe Wavelet

DIREÇÃO EDITORIAL
Isabel Diegues

COORDENAÇÃO EDITORIAL
Adriana Maciel

DIREÇÃO DE ARTE
Mariana Aurélio
Dani Lima

DIAGRAMAÇÃO
Mariana Aurélio

FOTO CAPA
Fábio Seixo

COORDENAÇÃO DE PRODUÇÃO
Melina Bial
Neco FX

PRODUÇÃO EDITORIAL
Vanessa Gouveia

PRODUÇÃO GRÁFICA
Lilia Góes

AGRADECIMENTOS
Alex Cassal, Antonio Nóbrega, Bárbara Fontana, Benilton Bezerra, Carla Madeira, Carla Stank, Charles Feitosa, Christine Greiner, Christophe Wavelet, Eléonore Guisnet, Helena Katz, Isabelle Launay, Laura Erber, Lindon Shimizu, Luisa Buarque, Luiz Camillo Osorio, Massimo Canevacci, Monica Prinzac, Nena Araújo Lima, Renato Mangolin, Rodrigo Maia, Russel Ludwig, Ruth Rocha, Solange Ferraz, Sonia Sobral, Suely Rolnik, Tatiana Roque, Thiago Gomes, Tony Hewerton.

ESPETÁCULO *100 GESTOS*

INTÉRPRETES-CRIADORES
Carla Stank, Eleonore Guisnet, Lindon Shimizu, Rodrigo Maia, Thiago Gomes, Tony Hewerton

DIREÇÃO
Dani Lima

ASSISTÊNCIA DE DIREÇÃO
Milena Codeço

COLABORAÇÃO
Laura Samy

DRAMATURGIA
Dani Lima e **Alex Cassal**

DIREÇÃO MUSICAL
Rodrigo Marçal

ASSISTÊNCIA DE DIREÇÃO MUSICAL
João Mello e **David Cole**

AMBIENTAÇÃO
João Modé, Dani Lima e **Erika Schwartz**

FIGURINOS
Valéria Martins

ILUMINAÇÃO
Adriana Ortiz

PROGRAMAÇÃO VISUAL
Olivia Ferreira e **Pedro Garavaglia | Radiográfico**

FOTOS
Fábio Seixo

COORDENAÇÃO DE PROJETOS
Marcia Dias/Buenos Dias Projetos e **produções culturais**

CENOTÉCNICA
Edvaldo Custódio Ferreira e **Carlos Coruja**

COLABORAÇÃO NA PRODUÇÃO
Bárbara Fontana

DIREÇÃO DE PRODUÇÃO
Neco FX

REALIZAÇÃO
Cia. Dani Lima

A residência do pesquisador Christophe Wavelet para a realização das entrevistas do projeto 100 gestos *foi coproduzida pelo Festival Panorama. Partes dos processos de pesquisa e criação foram apresentadas dentro do projeto Corpo.Doc, edições* 2011 *e* 2012.

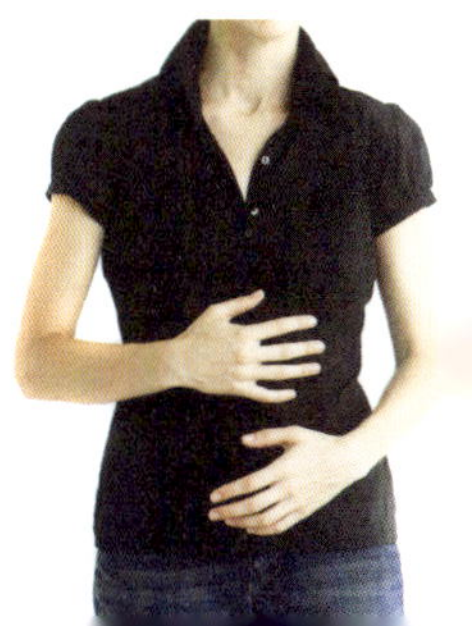

CIP-BRASIL. CATALOGAÇÃO NA PUBLICAÇÃO SINDICATO NACIONAL DOS EDITORES DE LIVROS, RJ

L697g

Lima, Daniella
Gesto : práticas e discursos / [Daniella Lima ; organização Daniella Lima, Mariana Aurélio, Silvia Soter ; coordenação Adriana Maciel]. – 1. ed. – Rio de Janeiro: Cobogó, 2013.
248p.: il. ; 22 cm.

ISBN 978-85-60965-45-8

1. Dança na arte. 2. Linguagem corporal. I. Aurélio, Mariana. II. Soter, Silvia. III. Maciel, Adriana. IV. Título.

13-01368 CDD: 792.82
CDU: 792.94

Nesta edição, foi respeitado o Acordo Ortográfico da Língua Portuguesa de 1990, que entrou em vigor no Brasil em 2009.

2013

1ª impressão

Este livro foi composto na família Malaga, criada por Xavier Dupré, e impresso pela Ipsis Gráfica e Editora, sobre o papel offset 150g, para a Editora Cobogó.